Bernard Cazeneuve

Un chien parmi les loups

Éditions de
L'Observatoire

ISBN : 979-10-329-3313-8
Dépôt légal : 2025, mars

170 *bis*, boulevard du Montparnasse, 75014 Paris

Préface

Le pays souffre. Le doute s'est emparé de lui. On le devine dans les regards, les gestes, et jusque dans le silence d'un peuple, dispersé par le relativisme, le sectarisme, le renoncement. Sous le regard lucide des citoyens, la politique est abaissée au rang d'un divertissement, violent et tristement vulgaire. L'impuissance face à l'adversité souvent insurmontable de la vie quotidienne est douloureusement vécue. C'est toute une nation, à juste raison effrayée par le chaos mondial, qu'on prive de la possibilité d'une espérance.

La souffrance éprouvée n'est pas un chiffre, elle ne se résume pas en tableaux d'experts. Elle est une réalité humaine concrète, palpable, que l'on perçoit sur le visage de ceux qui, vêtus de leur gilet phosphorescent ou de leur blouse blanche, affrontent la fatigue des jours sans relâche. Elle est la lassitude d'un retraité qui doit parcourir de longues distances pour accéder à des soins, le regard résigné d'une mère qui peine à faire ses courses, le cœur blessé d'un enseignant qui voit ses valeurs, si ce n'est sa personne, attaquées. Elle est le désarroi de l'agriculteur, acculé, dont la valeur du travail n'est pas justement rémunérée. Elle est l'épuisement d'un chef d'entreprise qui ne peut plus tenir, et celui de salariés anxieux de perdre leur emploi. Elle est le cri étouffé d'une femme victime de violences. Elle est la peine muette de l'étranger discriminé. Elle est la peur des familles pour la sécurité de leurs enfants, l'inquiétude que l'école n'ait pas les moyens de sa mission, l'angoisse de ne pas parvenir à se loger décemment. Elle est un étudiant qui peine à se nourrir et qui s'enferme peu à peu dans la solitude ou la dépression.

Depuis les temps du confinement, une détresse silencieuse s'est abattue sur la jeunesse française, frappant d'abord les plus vulnérables. Un désarroi profond et des violences insidieuses marquent les existences de stigmates invisibles.

Ces violences, qu'elles viennent des réseaux sociaux, de la rue, ou qu'elles surgissent au seuil des écoles, ne se contentent pas de meurtrir : elles mutilent moralement. Elles tuent, pour une querelle futile, pour de la drogue, pour un portable.

Santé publique France a dépeint cette tragique réalité : depuis 2020, la santé mentale des adolescents et des jeunes adultes s'effrite, les structures dédiées sont trop rares, incapables d'accueillir tous ceux qui en auraient besoin. Du premier banc de l'école à l'ultime marche de l'université, notre système creuse les inégalités de naissance.

Qu'est donc un pays qui abandonne sa jeunesse, qui la laisse se défaire dans l'attente de promesses jamais tenues, qui l'observe s'égarer sans lui tendre la main, ni lui ouvrir un horizon digne d'elle ? Il n'est pas d'État ni de responsable politique soucieux de bien accomplir leur mission qui puisse contempler cette douleur sans frémir, sans en faire un devoir premier.

Nous vivons dans un monde de loups : brutal, impudique, nihiliste. La meute, c'est cette multitude sans visage qui hante l'espace numérique, royaume de l'illusion où les mots deviennent de simples projectiles destinés à atteindre leurs cibles. Hier, le despote avait des frontières, un territoire, une armée. Aujourd'hui, il a des algorithmes. Il se répand partout. Il n'a plus besoin d'un trône : il lui suffit d'un flux d'images, de slogans martelés jusqu'à l'oubli de leur signification. La vérité s'érode ou se remodèle, devenant une variable parmi d'autres, soumise aux passions du moment. Mais, dans cette noirceur, l'espérance peut encore se frayer un chemin, car, aux origines de l'humanité, on parvint à sortir le loup de la meute, en le libérant de ses instincts. C'est ainsi que le chien devint le plus fidèle compagnon de l'homme, et se trouva uni à lui par des liens semblables à ceux de l'altérité. À ce mouvement de civilisation, Franz Kafka rendit, bien plus tard, l'hommage de la sagesse : « Seuls m'importaient les chiens ! Car qu'y avait-il en dehors des chiens ? À qui d'autre en appeler dans le grand vide de ce monde ? Les chiens sont tout le savoir, la somme de toutes questions et de toutes réponses. » Dans le tumulte du monde, être un chien parmi les loups, c'est apprivoiser la solitude des sages.

Mais on ne gagne rien, non plus, en s'isolant de tout et en renonçant à comprendre l'ampleur de la grande mutation numérique. Est-elle un phénomène transitoire, ou marque-t-elle l'avènement d'un monde nouveau, pour le pire ou pour le meilleur ? Sans doute, ne faut-il pas rejeter, par principe, les mutations technologiques, ni ignorer les conséquences sociales qu'elles engendrent. Chaque révolution fut un cataclysme et un catalyseur à la fois. Celle que nous traversons est d'une ampleur inédite, parce qu'elle touche, partout dans le monde, chaque individu, chaque domaine de l'existence économique, sociale, technologique, scientifique, artistique, et ce dans un même battement de temps. Pour l'organisation de la vie politique et sociale, c'est un défi écrasant.

Le chemin de fer, par exemple, se développa au XIXe siècle d'abord en Amérique et en Europe, et tous les territoires n'y eurent pas immédiatement accès. Internet et les réseaux sociaux furent, quant à eux, donnés à tous, sans entraves ni limites, gratuitement, leurs promoteurs ayant promis « de transformer les liens entre individus et gouvernements, d'offrir une autonomie accrue aux peuples, d'apporter de meilleures solutions aux grands défis de notre temps ». L'ambition était planétaire et révolutionnaire à la fois !

Dans la réalité, qu'en est-il ? L'essentiel et l'accessoire, la sincérité et le mensonge, les faits et les hallucinations virtuelles se partagent le même espace, la même audience infinie : « Quand tout le monde vous ment en permanence, le résultat n'est pas que vous croyez ces mensonges, mais que plus personne ne croit plus rien », disait Hannah Arendt. Désormais, la politique de modération est abandonnée au nom de la liberté d'expression. Nos données personnelles sont monnayées pour prédire nos actions, pour nous enfermer dans le cercle de désirs déjà formulés, et remettre incessamment sous nos yeux nos produits préférés, les vacances toujours rêvées. Imperceptiblement, nous sommes ainsi confortés dans les opinions et les idées qui sont déjà les nôtres, c'est-à-dire le plus souvent celles des communautés auxquelles nous appartenons.

Ce que les réseaux ont amorcé, l'intelligence artificielle le démultipliera. Elle produira, à partir de quelques mots, des discours, des argumentaires entièrement adaptés aux audiences et déployés à une échelle mondiale, pour façonner les choix individuels. Et, plus insidieux encore, les images, les voix, les sujets manipulés viendront dissoudre ce que le réel contenait encore de crédibilité. Faut-il pour autant désespérer ? Non, car l'IA peut être aussi un levier de progrès si elle est appliquée aux bons usages et à condition que nous gardions intact ce qui nous définit : la vigilance et la volonté. Car l'intelligence n'est pas la conscience. Et c'est la conscience seule qui fait de nous des êtres libres.

Dans le monde civilisé et démocratique, les loups ne hurlent pas, ils ordonnent. Ils ne s'annoncent pas, ils s'infiltrent. Ils déploient leurs influences, rédigent l'histoire au profit de leurs ambitions. Leurs affidés, funambules habiles du mensonge, travestissent les faits pour servir une cause dont ils ne sont que les instruments. Jadis, les appétits d'annexion se mesuraient en kilomètres carrés conquis. Désormais, ils se chiffrent en territoires d'influence, en nombre de likes et de retweets, qui dessinent un univers désincarné et désenchanté.

Le chef d'une grande nation, à l'avant-garde du monde libre, promet de s'en prendre à tous les principes du droit international, à l'origine de l'ordre multilatéral, pour faire prévaloir les intérêts de son pays au préjudice de tous les autres. Il déchire les traités, foule aux pieds les accords, renie les engagements de son pays pour le développement mondial et écrase de sa main menaçante les équilibres patiemment bâtis.

À ses côtés, un milliardaire, architecte du monde numérique et de la conquête spatiale, prétend lui aussi régner sur les esprits. Il prend la parole au congrès de l'AfD, le parti de l'extrême droite allemande, pour l'inviter à assumer toute son histoire, sans distinguer les heures les plus sombres, qui furent aussi les plus brunes de l'Europe. Il ne propose pas seulement une vision, mais une emprise. Car le monde qui se dessine ne connaît plus d'autre administration que celle des algorithmes. Tout sera numérisé, filtré, pesé, jusqu'à ce que la démocratie elle-même ne soit plus qu'un code manipulable. C'est d'ailleurs la méthode que ses ingénieurs appliquent, sans cadre ni mandat, à la « réforme » de l'administration américaine qui lui a été confiée et qui se soldera, n'en doutons pas, par une purge. Ce n'est pas de la science-fiction mais une politique dystopique qui se déploie sous nos yeux. Pour ces hommes-là, il n'y a pas de crise de la démocratie, mais ils veulent que la démocratie soit en crise.

Au sein de notre continent, l'antisémitisme ressurgit sous une forme nouvelle. L'antisionisme se pare de la respectabilité d'une contestation politique, mais il porte en lui ce poison que l'on croyait définitivement banni : la négation insidieuse du martyre des juifs, l'oubli feint de la Shoah, sans que les voix qui s'élevèrent jadis pour en protéger les générations futures soient suffisamment rassemblées, courageuses et audibles pour endiguer la vague qui monte.

Dans ce climat délétère, la France chancelle sous le poids de ses désillusions. Ses dettes s'alourdissent, ses industries s'évanouissent, et sur les terres abandonnées naît l'inquiétude qui nourrit la colère. Or la colère divise. Elle dresse les Français les uns contre les autres et alimente une défiance grandissante envers ceux qui dirigent la nation, mais ne l'incarnent plus. La dissolution de l'Assemblée nationale, décidée sans qu'aucun blocage ait pu la justifier, a achevé de déséquilibrer un édifice déjà fissuré. Au cœur même de la République, un désordre s'est installé, fruit d'une lente déliquescence, où le retour du jeu des partis et des alliances à la petite semaine est une régression.

Au terme d'un lent avachissement politique, l'hémicycle, qui fut le lieu de la délibération raisonnable et respectable, n'est plus qu'un théâtre d'ombres. Le débat se dilue dans des jeux d'appareils, où les calculs mesquins ont supplanté l'idéal, où les ambitions personnelles détruisent l'espoir collectif, comme aux heures les plus futiles de la IVe République. Des scientifiques des universités de Paris 1, de Zurich et d'HEC ont analysé deux millions de discours, entre 2007 et 2024, pour aboutir à la conclusion que l'émotion et la critique priment sur la raison et le débat argumenté. Dans l'hémicycle, transformé en scène d'opéra bouffe, on s'égosille pendant que le pays souffre.

Dans ce jeu où elle s'égare, la nation abdique son rang, laissant s'effilocher sa crédibilité face à un monde où les menaces s'accumulent et où l'ordre multilatéral, patiemment bâti dans les cendres de la guerre, s'efface sous les coups du temps. Longtemps, malgré la guerre froide et les conflits régionaux, le multilatéralisme avait tenu bon, charpentant un système global où le dialogue et la paix semblaient encore possibles. Ce fut l'âge de la chute du mur de Berlin, de l'effondrement du glacis soviétique, du rêve d'une globalisation multipolaire, d'un développement enfin partagé, et de la « fin programmée de l'histoire ».

Aujourd'hui, aux frontières de l'Europe, deux guerres tuent : en Ukraine et au Proche-Orient, tandis que l'assurance de la protection américaine est remise en cause pour les Européens. Les régions stratégiques pour nos intérêts sont gagnées par l'instabilité : la mer Rouge, l'Afrique du Nord et de l'Ouest, la mer de Chine méridionale – tandis que la montée des tensions sino-américaines fait courir le risque d'un conflit, dont les conséquences pour le monde seraient difficilement maîtrisables.

En face, les démocraties libérales, déstabilisées par l'ascension du populisme, la progression des inégalités et les manipulations de l'information, vacillent. De l'autre côté de l'Atlantique, la plus grande d'entre elles est traversée par une accélération réactionnaire qui pourrait fragiliser les fondements du monde occidental.

Dans le même temps, l'humanité se trouve confrontée à des défis d'une ampleur inédite, dont l'histoire retiendra la gravité. Le changement climatique impose sa loi implacable, dans la violence des canicules, des sécheresses, des crues et des tempêtes qui s'abattent sur des terres désarmées. Les plateformes numériques, dotées d'une puissance financière et d'une influence qui défient les États, ébranlent la souveraineté des nations et redessinent, sans mandat, les contours du monde. Le terrorisme islamiste, les cyberattaques, le crime organisé et le narcotrafic sapent de l'intérieur des sociétés fragilisées, y répandant la peur et la défiance.

Dans ce contexte inquiétant, la France pâtit aujourd'hui d'une « extinction de voix ». Pourtant, ses atouts demeurent et peuvent nourrir un possible rebond : septième puissance économique mondiale, membre permanent du Conseil de sécurité des Nations unies, membre fondateur du G7, de l'Union européenne et de l'Organisation internationale de la francophonie, notre pays conserve une place centrale dans les enceintes les plus influentes. Il s'appuie sur l'un des réseaux diplomatiques les plus denses au monde et sur une capacité militaire réactive, respectée, dotée de la dissuasion nucléaire et appuyée par des services de renseignement efficaces. Son influence culturelle, renforcée par la diversité de ses territoires ultramarins, sa créativité, la performance de ses grands groupes industriels et de ses deux millions de ressortissants établis à l'étranger lui confèrent un rayonnement bien au-delà de ses frontières, confirmant son statut de puissance mondiale. Lorsque ces atouts sont mobilisés à bon escient, ils produisent des succès tangibles, comme l'accord de Paris sur le climat, la réponse aux crises européennes, ou encore le rayonnement des Jeux olympiques de Paris.

Pourtant, la voix singulière de la France, le respect et l'écoute dont elle jouit à travers le monde et, de ce fait, sa capacité d'influence et d'entraînement connaissent un déclin inédit. Le retrait désordonné du Sahel, la désintégration de son influence en Afrique, les tensions grandissantes avec le Maghreb, l'affaissement de nos positions à Bruxelles sont les signes d'un ébranlement profond.

À l'origine de cet affaiblissement, plusieurs facteurs se sont conjugués, qui ne concernent pas que la nation : l'action toujours plus désinhibée de puissances révisionnistes de l'ordre international, l'effacement consécutif de nos vecteurs traditionnels d'influence multilatérale, le relatif déclassement économique de l'Europe, la moindre fiabilité de nos partenaires, et la marginalisation croissante de l'Union européenne dans la gestion des grands conflits internationaux.

Mais peut-on ignorer la part de responsabilité de la France elle-même ? Trop souvent, récemment, sa diplomatie s'est réduite à des « coups » ou à des initiatives non concertées, dénuées de suivi, confondant présence et posture. Depuis le 7 octobre 2023, sa politique au Proche-Orient a semblé erratique, faite d'embardées successives, donnant le sentiment de l'improvisation. Ajoutons à cela la crise politique qui secoue le pays, l'affaiblissement de son économie et le délabrement de ses finances publiques : autant de failles qui sapent encore sa crédibilité.

En Europe et dans le monde, la France doit retrouver sa voix, affirmer sa singularité et la défendre. Pour y parvenir, il n'est pas besoin d'arrogance. Les valeurs que nous portons, en tant que citoyens européens, nous placent en héritiers d'une histoire unique : celle d'un continent meurtri par les guerres, mais qui, au fil des siècles, a su accueillir les œuvres de l'esprit humain et consacrer l'humanisme, l'universalisme et la passion de la liberté. Puisant à cette source, l'Europe a construit la plus longue période de paix depuis la *Pax Romana*. De ces valeurs, soyons fiers. Face à la force, nous devons continuer de défendre la coopération plutôt que l'affrontement, le multilatéralisme contre le nationalisme et l'impérialisme, la liberté de pensée et de création face à l'oppression et aux extrémismes, la justice contre la marchandisation, la sobriété davantage que le productivisme ou la décroissance.

Les fractures du monde ne sauraient être pour nous des lignes de fuite : nos compétiteurs les plus stratégiques – quand ce ne sont pas désormais nos propres alliés – attaquent nos valeurs, en spéculant sur un prétendu déclin de l'Occident et sur l'épuisement d'un système international fondé sur le droit hérité de l'après-guerre. Dans cette montée de nouvelles conflictualités, la France a un devoir de lucidité, dont sa diplomatie doit être le témoin. Sur le fond, quelques priorités claires et assumées vaudront mieux qu'une dispersion impuissante. Un pays dont l'histoire s'est forgée entre tragédies et avancées de la civilisation ne peut maintenir son influence sans une ligne cohérente et ferme.

Dans un monde toujours plus instable et soumis à des alliances fluctuantes, le renforcement des capacités diplomatiques, militaires et de renseignement de la nation relève de l'urgence. La France doit aussi investir, dans un cadre européen, la sphère numérique et le cyberespace, où se concentrent désormais les menaces les plus insidieuses – mais où se présente aussi, pour elle, la plus grande opportunité de rebond. Car chacun mesure que jamais depuis la fin de la guerre froide – et peut-être même depuis 1945 – le risque d'un affrontement armé à nos portes n'a été plus réel, ni plus imminent. L'action diplomatique a donc pour principale mission de prévenir un embrasement dont les conséquences seraient dévastatrices pour l'Europe, le Moyen-Orient ou l'Asie de l'Est.

En Europe, la priorité est d'éviter une victoire de Vladimir Poutine et de ne pas nous laisser imposer une solution qui se traduirait par l'humiliation de l'Ukraine. Car chacun mesure aussi que l'arrêt des combats ne suffira pas à garantir une paix durable. Les Européens doivent donc se préparer, non par choix, mais par nécessité, à une longue période de rapport de force stratégique, en renforçant leur défense commune dans le cadre de l'OTAN et en affirmant leur autonomie de pensée et d'action à l'égard des États-Unis. Le rôle que peut y jouer la dissuasion nucléaire, qu'elle soit française ou britannique, dépendra pour partie de la capacité de la France et du Royaume-Uni à approfondir leur coopération, dans le prolongement des accords de Lancaster House. Un effort collectif pour consolider la protection antimissiles du continent, associant étroitement Berlin et Varsovie, sera nécessaire.

Au Moyen-Orient, la France a le devoir humanitaire et moral de contribuer à la fin des combats à Gaza et de soutenir une perspective politique visant à restaurer durablement la paix dans la région, sans jamais perdre la perspective d'une solution à deux États.

En matière de sécurité, la détermination de l'Iran à se doter de l'arme nucléaire doit être entravée afin d'éviter un engrenage incontrôlable. En Syrie, où nous devons soutenir les aspirations d'un peuple qui se libère, la menace principale réside dans le risque d'un scénario « à la libyenne », qui ne pourrait être conjuré que dans le cadre d'une large concertation régionale, associant aussi la Turquie et l'Iran.

Parce qu'il est aussi une puissance de l'Indo-Pacifique, notre pays doit œuvrer activement à la structuration d'une architecture régionale de coopération et de sécurité collective en Asie, qui permette à chaque nation de ne pas être contrainte à un choix binaire entre Pékin et Washington. Dans cette perspective, les partenariats tissés avec l'Inde, Singapour et le Japon, sans négliger l'Australie, prennent toute leur signification stratégique.

La France ne saurait se ranger aux côtés de ceux qui, déjà, entonnent le requiem du multilatéralisme, reléguant cette architecture patiemment bâtie au rang d'une illusion vouée à l'obsolescence. L'ONU, avec ses failles et ses lenteurs, demeure pourtant l'unique boussole de la communauté internationale, l'ultime rempart contre l'arbitraire et l'impunité. L'affirmer, c'est inscrire la France dans la continuité d'une politique fondée sur le droit et la justice.

Le Conseil de sécurité des Nations unies est aujourd'hui paralysé – comme il le fut au plus fort de la guerre froide. Son élargissement, bien que lointain, doit rester un cap. L'Assemblée générale, quant à elle, demeure un espace d'expression universel, tandis que les institutions onusiennes – le Programme alimentaire mondial, l'Agence internationale de l'énergie atomique, le Haut-Commissariat pour les réfugiés – poursuivent inlassablement leur mission. Plus de 90 000 casques bleus sont déployés à travers le monde, garants d'une paix souvent fragile, mais essentielle.

Le multilatéralisme demeure l'unique cadre capable de réguler les grands défis planétaires : climat, biodiversité, espace, intelligence artificielle. La réforme de la Banque mondiale est désormais indispensable, face aux tentatives de certaines puissances d'en détourner l'action à leur profit exclusif. L'accord de Paris ne tiendra ses promesses que si la mobilité planétaire s'oriente vers une économie décarbonée, avec une électrification massive, une efficacité énergétique accrue, et une adaptation résolue aux bouleversements climatiques. Un effort financier d'ampleur doit être déployé en direction des pays du Sud, pour une transition juste et respectueuse de leurs aspirations légitimes. La décision des États-Unis de sortir de l'accord de Paris est évidemment regrettable. Mais sans doute existe-t-il, sur ce sujet, une opportunité de construire avec les grands pays émergents, et en particulier la Chine, un agenda positif de partenariat pour la planète.

En Afrique, la jeunesse hyperconnectée exprime une défiance croissante à l'égard des anciennes élites, souvent associées à la France. Cette remise en cause, parfois salutaire, est aussi une faille exploitée par la Russie, qui y instille un cynisme pervers. La France est donc contrainte d'adapter son dialogue, de le structurer dans un cadre européen lorsque cela est pertinent, et d'activer l'ensemble des leviers culturels, éducatifs et économiques pour contrer ces influences opportunistes et investir sur les élites de demain. La lutte contre le terrorisme, menace commune aux pays de la région et à notre propre sécurité, doit être repensée à travers des coopérations ciblées et durables.

Au-delà, l'émergence du Sud global ne doit pas être perçue comme une contrainte, mais comme un espace stratégique à investir, à condition, cependant, qu'un axe Moscou-Pékin n'en prenne jamais le contrôle, sauf à s'exposer au risque de voir ce vaste ensemble réduit à une plateforme instrumentalisée contre l'ordre international fondé sur le droit.

Au cœur de l'action extérieure de la France figure, à l'évidence, l'Europe. Ses valeurs portent une construction politique unique dans l'histoire de l'humanité, et qui depuis des décennies administre la preuve que la réconciliation et la coopération sont possibles. Cette Europe est aujourd'hui en danger. Elle est d'abord attaquée à ses frontières, contestée jusqu'au cœur de ses démocraties par ceux qui haïssent tout ce qu'elle incarne : la liberté de penser, de s'exprimer, de croire ou de ne pas croire, de choisir son propre destin. Les bases qui ont été à l'origine de sa prospérité – l'énergie bon marché, la garantie de sécurité apportée par l'allié américain, le développement sans fin du commerce mondial – relèvent désormais de lointains souvenirs. L'Union ne pourra demeurer que si elle se montre capable de défendre ses intérêts, pour redevenir une puissance indépendante et innovante, que si elle parvient encore à faire rêver. Ses peuples peuvent encore être convaincus que leurs destins sont liés et que chacun d'eux porte en lui une ambition de progrès économique et social.

Quant à la France, elle peut, elle aussi, retrouver sa capacité d'entraînement autrement qu'au bénéfice des circonstances, des soubresauts et des crises. Pour y parvenir, quelques chantiers s'imposeront à elle.

Le premier vise à inscrire, dans la durée, la sécurité d'une Europe puissante et indépendante. La menace existentielle que la Russie fait peser sur le flanc oriental de l'Union européenne appelle une réponse urgente et un effort continu à l'égard de l'Ukraine. À moyen terme, la nouvelle donne que crée la victoire de Donald Trump doit nous conduire à reconsidérer, sans bien sûr y renoncer, le caractère central de la relation transatlantique. Les Européens, y compris nos partenaires britanniques, n'ont désormais pas d'autre choix que d'assumer vraiment leur part dans le coût de la sécurité collective de leur continent, de poursuivre une stratégie industrielle de défense ambitieuse, assortie d'une préférence européenne pour les acquisitions nouvelles, et de construire une capacité d'action autonome, si les circonstances devaient l'exiger. En matière de capacité d'influence, devront être mobilisés les deux seuls vrais instruments de puissance de l'Union européenne que constituent son aide au développement (rappelons que l'Europe est de loin le premier bailleur mondial), mais aussi l'ouverture raisonnée de son marché au travers d'accords commerciaux exigeants, protecteurs, qui favorisent avec plus d'assertivité la défense et la diffusion de nos normes sociales, juridiques et environnementales.

Le constat posé récemment par le rapport Draghi est sans appel sur l'érosion mortifère de la compétitivité de l'économie européenne et sur l'ampleur des investissements nécessaires à sa transition, dont l'enveloppe est évaluée à 800 milliards d'euros par an. La crise démocratique dont souffre le continent européen est largement alimentée par les conséquences sociales de son déclin industriel, par le renchérissement du coût de l'énergie, par l'incohérence et la brutalité perçue de certaines réponses apportées au défi climatique. La fin programmée, mais très peu anticipée, des véhicules thermiques neufs à l'horizon de 2035 illustre pour les citoyens une forme de cécité européenne. Face à cette situation, il y a urgence à définir un cadre d'investissement public et privé à la hauteur des enjeux, et qui ne pèse pas exclusivement sur les économies nationales.

Le débat sur une nouvelle capacité d'endettement pérenne de l'Union européenne ne pourra être éludé plus longtemps, même si chacun perçoit bien la difficulté d'une initiative franco-allemande à court terme. Dans l'immédiat, l'Union européenne doit offrir aux 400 milliards d'euros de capitaux privés européens placés chaque année à l'étranger, une alternative crédible et attractive, permettant l'orientation de ces fonds vers des investissements productifs en Europe et des stratégies industrielles de long terme. Dans cette perspective, la création d'un fonds européen d'investissements stratégiques, dont la Banque européenne d'investissement pourrait servir de base, serait incontestablement pertinente.

Aucune transition énergétique durable ne sera possible sans une réforme profonde du marché de l'énergie et des mécanismes de régulation des prix, qui restent aujourd'hui trois à cinq fois supérieurs à ceux en vigueur en Amérique du Nord. La fragmentation des marchés, l'hétérogénéité des prix et des choix nationaux en matière de mix énergétique freinent tout effort collectif en faveur d'une Europe décarbonée, compétitive et souveraine. Le coût économique et social de cette situation est devenu insoutenable pour les Européens. Un grand accord européen sur l'énergie, à l'horizon 2030, s'impose donc afin de garantir une transition à la fois efficace et soutenable.

Enfin, le modèle européen ne pourra être préservé sans répondre concrètement aux préoccupations des citoyens. Il s'agit, d'abord, de maîtriser les dynamiques d'élargissement de l'Union aux pays du voisinage immédiat. La maîtrise des flux migratoires doit par ailleurs se faire avec humanité et rigueur, en appliquant pleinement le Pacte sur la migration et l'asile adopté en juin 2024, mais aussi en renforçant la protection des frontières extérieures sans nuire à l'attractivité du continent pour les travailleurs qualifiés. L'Europe doit aussi se doter des moyens de défendre ses démocraties, menacées par des campagnes de désinformation et des stratégies hybrides de déstabilisation. La démocratie ne confère pas à n'importe qui le droit de dire n'importe quoi. Une initiative européenne pourrait ouvrir la voie à une régulation accrue des réseaux sociaux, après un débat approfondi et apaisé. Parallèlement, des règles claires doivent limiter la concentration des médias et garantir l'indépendance du service public d'information.

L'Europe doit redevenir un horizon d'espérance pour ses citoyens. Le programme Erasmus, qui a transformé l'accès à la mobilité étudiante, pourrait être enrichi d'un mécanisme similaire, ouvert aux moins de 30 ans, permettant l'accès à la formation continue, à une première expérience professionnelle ou à un engagement citoyen. Car c'est en donnant à chaque Européen une place dans le projet collectif que l'Union renouera avec son ambition fondatrice.

Ce qui est désirable pour l'Europe ne peut se penser sans cette idée ancienne et toujours neuve de la France, sans l'intuition de son destin et de la rigueur de ses devoirs dans un monde devenu incertain. Cette ambition, qui fut celle des siècles, demeure notre plus sûre boussole. Elle est l'antidote aux calculs sans âme, au désenchantement corrosif, à ce lent poison du renoncement. La politique, quand elle est grande, ne s'abaisse pas en calculs dérisoires. Aucun élan ne naît non plus d'un horizon obscurci par le ressentiment. La confiance, qui est une flamme vacillante, ne se ranime que dans la clarté des convictions et la constance des âmes libres, celles qui œuvrent non pour elles-mêmes, mais pour un horizon qui les dépasse.

L'heure est au crépuscule, et pourtant, il nous faut regarder droit devant. L'humanité s'éloigne de la raison, et c'est à nous qu'il revient d'écrire la suite du récit, d'affronter l'air du large, de rassembler un peuple qui doute et se divise. Ce rassemblement n'est pas seulement une nécessité, il est un devoir. Ceux qui attisent la discorde au nom d'une colère qu'ils feignent de servir ne feront jamais renaître la France. Ils la condamnent à l'errance, la privent de ce qu'elle cherche : l'apaisement et l'harmonie avec elle-même.

La France demeure une idée, portée par les principes qui la fondent et qu'il nous faut rappeler sans relâche, pour ce qu'ils sont. La liberté n'est pas l'individualisme. L'égalité n'est pas l'uniformisme. La fraternité n'est pas le communautarisme. La laïcité n'est pas le matérialisme. Et l'universalité n'est pas le globalisme. La République n'est pas une somme de consommateurs réduits à des catégories. Elle est la patrie des citoyens. À ceux qui voudraient en faire un marché où tout s'échange et tout se pèse, elle oppose une fidélité, celle d'un peuple qui se sait dépositaire d'un héritage, et non d'un inventaire.

Une nation ne tient que par ses valeurs. Encore faut-il les nommer pour qu'elles ne s'effacent pas. Les valeurs de la France sont celles de l'humain, et c'est pourquoi elles parlent au monde. Elles ont traversé le temps, portées par cette ambition qui ne se replia jamais sur elle-même. Lorsqu'en 1789 un peuple osa proclamer que les hommes naissent et demeurent libres et égaux, il ne parlait pas pour lui seul, mais pour l'humanité tout entière. De cette fidélité aux principes, nous n'avons pas à rougir. Lorsque des peuples souffrent de la guerre ou de la misère, leur douleur est la nôtre. Et lorsque la France est frappée, dans sa chair ou dans son esprit, elle trouve, loin d'elle, des regards fraternels. Ceux qui ont fait le choix de la France, depuis des générations, ne sont pas venus chercher un simple bien-être matériel : ils ont voulu vivre dans un pays où la dignité ne se négocie pas.

La France, pourtant, n'est pas qu'une mémoire. Elle est une idée vivante, qui ne peut se replier sur le souvenir d'un âge d'or fantasmé. Elle est aussi un lien personnel, initial, et chacun accueille en lui, profondément, intimement, cette part de la nation.

C'est ainsi par l'expérience d'une vie que chacun contribue à faire battre le cœur de notre propre pays. La mienne puise au souvenir de mes parents installés dans l'Oise, après avoir quitté l'Algérie, où ils étaient nés, et des premières années simples et heureuses passées dans le Valois nervalien ou au cœur de la fournaise nîmoise. J'y découvrais alors, dans la torpeur de l'été, les romans de Mauriac, et quelques autres encore qui m'arrachaient à l'enfance.

La France se dévoila à moi, sur les bancs de l'école publique et laïque, à Creil, où mon père exerçait sa mission d'instituteur. Avec mes camarades de classe, nous éprouvions un infini respect pour les maîtres d'école, dont le savoir transmis nous aidait à nous affranchir de tous les autres maîtres qui auraient pu prétendre diriger nos vies. Je suis fier qu'une école primaire, située à Clarensac dans le Gard, porte aujourd'hui le nom de mon père, qui en fut le directeur jusqu'à sa mort soudaine, en 1989, alors qu'il enseignait à ses élèves les valeurs de la République. Ces valeurs, transmises par l'école et l'éducation, et au premier rang desquelles figurait le respect dû à chacun – d'où qu'il fût, d'où qu'il vînt, quelles qu'eussent été ses croyances ou ses origines –, ont profondément éveillé ma conscience politique et guidé ma conduite. Elles les guident, encore aujourd'hui.

Et puis il y eut l'implantation à Cherbourg, la rencontre avec le Cotentin, dont les habitants m'ont, pendant plus de vingt ans, renouvelé leur confiance, pour être leur maire et leur député. Sur le littoral normand, j'ai pu mesurer, partout où le regard se posait, la puissance maritime de la France, sa tempérance, mais aussi les savoir-faire nés de son industrie. Le choix fait par la France de l'énergie nucléaire aura agité, des années durant, la presqu'île, et contribué à l'indépendance énergétique de la nation. Dans la ville industrielle, dont les travailleurs furent très éprouvés par les pathologies liées à l'amiante, on sait la valeur du travail et la vivacité des luttes pour mieux en partager les fruits. La dignité de ces combats a toujours obligé ceux qui en ont partagé la rudesse lorsque, au Parlement, ils représentaient cette pointe septentrionale posée entre terre et mer.

À Cherbourg, j'ai appris que pour aimer la France, il fallait d'abord bien servir l'État, garant de l'intérêt général et des grands principes qui font ce que nous sommes en tant que nation. Dans les responsabilités exercées, au ministère des Affaires européennes, puis plus tard au Budget, et à Matignon bien sûr, j'ai pu prendre la mesure de la charge. Ce fut pour moi un honneur de pouvoir servir. Mais jamais je n'ai ressenti si intensément l'idée de la France à aimer et à protéger que dans mes fonctions de ministre de l'Intérieur, quand notre pays, à Paris, Montrouge, Nice, Saint-Quentin-Fallavier, Magnanville, Saint-Étienne-du-Rouvray, fut attaqué par la barbarie terroriste, par une idéologie, l'islamisme, qu'il faut bien qualifier pour ce qu'elle est, c'est-à-dire un totalitarisme. La défense et l'amour de la France, je les ai vus dans le courage, le dévouement et l'engagement des forces de sécurité, parmi le personnel soignant se dépensant corps et âme pour sauver des vies lorsque les crimes abjects étaient perpétrés.

De cette idée qu'est la France, nous aimons aussi l'histoire. Et nous aurions grand tort d'en gommer les événements, souvent tragiques, qui l'ont jalonnée, les souvenirs enfouis dans nos mémoires et les leçons inscrites dans nos livres. Cette histoire, qui a plus de mille ans, la République en fut l'accomplissement, mais aussi la promesse : celle de faire une place à chacun et à tous, de transformer des droits inscrits en vie vécue, une Déclaration et une Constitution en actions et en réalisations : l'accès à la connaissance, la possibilité d'un emploi afin de vivre dignement et de donner un sens à son existence, le droit à un logement de qualité, à un environnement sain où l'air n'est pas pollué, mais aussi la possibilité de vivre le plus longtemps possible en bonne santé, de mourir dans la dignité, d'aller et venir en sécurité, de pouvoir créer et entreprendre, de profiter de sa retraite et du temps qui suit une vie de travail. La France doit donc redevenir un projet concret, et toute l'alchimie de la politique doit lui permettre de se réaliser.

Mais la France puise aussi à d'autres sources, celles multiples de l'humanisme, riches de toutes les potentialités d'une grande histoire : il y eut des Capétiens avant les révolutionnaires, des monarchistes avant les républicains, des provinces avant l'État. Et pourtant, la République est une et indivisible. Pour le comprendre, il faut se rappeler ce que fut la Résistance. Cette communauté des cœurs multiples et cependant unis. Au nom d'« une certaine idée de la France », celle évoquée par le général de Gaulle à l'entame des *Mémoires de guerre*, pour son indépendance et pour sa grandeur, les résistants transcendèrent différences, divergences, appartenances. Par-delà les clivages, ils portaient un message : « Ensemble, nous sommes la France ». De cette pluralité et de cette unité naquirent le Conseil national de la Résistance – celui de 1943 – et son programme : rien moins que le rétablissement de la démocratie, l'instauration de la sécurité sociale et de la retraite, ou encore la naissance d'Électricité de France ! À l'heure où tant de défis inédits se présentent à elle, la France est-elle encore capable d'un tel rassemblement pour sa jeunesse et son avenir ? Les Français trouveront-ils de nouveau la force en eux de se dire à eux-mêmes « vive la France », en posant chaque jour le regard sur ce qui les environne ? Il faudrait, pour y parvenir, revendiquer la continuité historique de la France, car, comme les grands résistants nous l'ont enseigné, est Français celui qui veut que la France continue.

Depuis 1881, la foi n'y fait plus la loi, et aucun délit de blasphème n'y a droit de cité. L'égalité des droits entre les femmes et les hommes, portée par le souffle de l'universalisme, demeure un combat inachevé, et le nombre de femmes tuées par leur conjoint, année après année, en rappelle l'urgence tragique. Être humaniste, c'est être féministe, et refuser que l'on regarde ailleurs, comme si la violence qui frappe certaines pouvait être un tribut silencieux à payer.

En France, la protection sociale n'est pas un privilège, mais un bien commun, arraché à l'histoire par ceux qui voulurent que la République donnât à chacun ce que la naissance leur refusait. Elle fut un projet unique au monde, une ambition politique et morale qui a fait de notre pays un modèle, aujourd'hui menacée par le lent poison de la désindustrialisation.

Prolonger cette histoire, c'est choisir l'espérance contre le fatalisme, et refuser le déclin comme une fatalité. La France ne manque pas d'atouts. Son identité se forge dans l'éclat de sa culture, ce patrimoine fragile et lumineux qui lui assure un rayonnement bien au-delà de ses frontières et où l'esprit humain trouve encore l'espace d'une émancipation.

Et puis, la France est riche d'un bien plus précieux encore : sa jeunesse. Un Français sur trois a moins de 29 ans, et plus nombreux qu'hier sont les diplômés, qui aspirent à faire plier le monde. Jeunes, nous aspirions à ce que la vie fût meilleure. Nos enfants se battent pour qu'elle demeure encore possible. Une génération qui n'a rien abdiqué condamne les lâchetés, les renoncements, l'avidité de ceux qui sacrifient les ressources et l'avenir aux seuls intérêts du présent. Elle sait que la planète n'est pas infinie, que le sol, l'eau, l'air ne sauraient être réduits à de simples marchandises.

Sa radicalité n'est pas une menace, elle est un appel. Car c'est l'absence d'espérance qui engendre l'extrémisme, et non l'inverse. Si la colère monte, il faut qu'elle trouve en face d'elle autre chose qu'une résignation servile, des promesses creuses ou un nihilisme cynique et glacé.

L'entreprise, elle aussi, doit renouer avec un monde où produire ne signifie plus détruire. Plus d'un million ont été créées en 2023, qui ne demandent qu'à inscrire leur action dans un modèle où la croissance soit un progrès, non un appauvrissement, où la richesse se partage sans s'épuiser. Mais on ne construira rien sur un double mensonge : la décroissance ne peut être la solution, et l'injustice ne saurait être un prix à payer. L'économie ne sera durable que si elle est juste, et, pour cela, il faut que ceux qui travaillent y trouvent leur place, non comme des exécutants passifs, mais comme des acteurs à part entière. Le mal du siècle, c'est cette verticalité qui enferme, qui sclérose, qui empêche d'innover et d'avancer.

La France demeure la première destination des investissements étrangers en Europe. Si elle attire, c'est qu'elle porte encore en elle ce qui fit sa grandeur : l'excellence de son savoir-faire, la qualité de ses infrastructures, la force de ses chercheurs, l'ingéniosité de ses ingénieurs, la résilience de ses ouvriers. Mais nul n'échappe aux erreurs de l'histoire : pendant vingt ans, la filière nucléaire, cet atout majeur d'une énergie propre et souveraine, a été sacrifiée sur l'autel de calculs à courte vue. Il est temps de réparer, il est encore temps d'agir.

La France a d'autres richesses, qu'elle ne sait plus voir. Son domaine maritime, le deuxième au monde, est une ressource stratégique inestimable. Son agriculture, dont tant de pays dépendent, est la garantie de son indépendance alimentaire, le témoignage que les paysans ont su, durant la pandémie, préserver l'essentiel quand tout venait à manquer.

Mais la France, cette vieille âme tourmentée, n'a pas su toujours honorer ses propres dons pour être à la hauteur de son héritage. Et voici que s'insinue, parmi ceux qui l'aiment encore, la sourde angoisse du déclassement.

Le déclassement, ce mot aux résonances amères, n'est pas seulement une donnée sociale ; il est un effritement de l'espérance. Autrefois, un maître, un diplôme ouvraient les portes de l'avenir. Désormais, combien de jeunes armés de savoirs s'égarent dans des emplois médiocres comme on erre dans une ville qui ne reconnaît plus ses rues ? La fonction publique elle-même, jadis sanctuaire du mérite, semble frappée de ce même mal. L'homme qui, au fond d'un amphithéâtre, contemplait l'ampleur de son avenir se retrouve dans des tâches inférieures à ses espérances. Et c'est ainsi qu'une société, en croyant ordonner son destin, finit par désenchanter ses fils.

Et que dire de ceux qui ont le sentiment cruel d'un retour en arrière, ces adultes dont les existences, au lieu de s'élever, s'affaissent sous le poids des déceptions ? Le labeur de leurs parents fut un viatique ; pour eux, il n'est plus qu'un fardeau. Ainsi va cette jeunesse, oscillant entre le doute et la colère, désertant les urnes parce qu'elle ne croit plus à la parole des élus, ni à celle des élites. Une jeunesse blessée, qui se détourne non par indifférence, mais par chagrin.

Il y a dans la misère une loi impitoyable. Elle frappe d'abord ceux que l'existence avait déjà éprouvés : 40 % des chômeurs vivent dans la pauvreté, et parmi eux, tant de femmes seules, portant à bout de bras la fragile flamme d'une famille. Et voici que l'on voudrait leur dire que l'effort suffit, que le travail est la clef de la dignité. Mais qu'en est-il lorsque ce travail lui-même ne nourrit plus, lorsque le salaire, au lieu d'être un viatique, devient un piège ? Alors monte, dans le silence des cœurs meurtris, une exaspération qui prend parfois la forme de révolte – ces ronds-points investis, ces voix brisées par l'injustice. Car l'injustice, lorsqu'elle s'enracine, n'est plus seulement une souffrance : elle devient un poison.

Les rues des bourgs, les maisons grises des villes moyennes portent les stigmates de ce déclassement que l'on feint d'ignorer. C'est dans ces lieux que l'on murmure, avec une mélancolie mêlée de rage, le récit d'une France qui s'efface. Que l'on vive dans ces pavillons trop chers, où tout manque sauf les factures, ou que l'on se heurte aux déserts laissés par les commerces disparus, la conclusion est la même : la République n'est plus un asile égalitaire, mais un labyrinthe où certains s'égarent sans espoir de retour.

Il y a aussi ces fabriques abandonnées, ces usines désaffectées, silhouettes fantomatiques d'une industrie que l'on croyait éternelle. La France de Pasteur et de Curie n'a pas su préserver son génie, et ce sont d'autres terres qui, désormais, recueillent les fruits de nos inventions. Ainsi, un enfant du pays ira fonder ailleurs ce qu'il aurait voulu bâtir ici. Et l'on s'étonne que le ressentiment gagne, que les peuples désertés se tournent vers ceux qui promettent de les venger.

Car il n'y a pas que le travail qui s'efface. Les services publics eux-mêmes semblent céder sous le poids de l'indifférence. Qu'il faille une heure pour trouver un médecin, qu'un hôpital ne puisse plus soigner dignement, que des policiers ou des gendarmes en viennent à douter du respect dû à leur uniforme, cela ne relève pas d'une simple gestion déficiente, mais d'un mal plus profond : celui d'une nation qui s'épuise.

La pierre angulaire de la République demeure l'école, celle dont la promesse est indissociable de la possibilité du progrès. Elle fut, bien avant que l'on s'inquiète de son déclin, le creuset d'une ambition de promotion pour tous, le lieu où se conjuguent la connaissance, la culture, les humanités et l'apprentissage du libre arbitre. Pourtant, aux concours d'enseignants, les candidats se font plus rares. Il y a quarante ans, un professeur débutant gagnait l'équivalent de 2,3 fois le SMIC ; aujourd'hui, c'est à peine 1,2. Alors que les mathématiques ouvrent toutes les portes des nouvelles technologies, le nombre d'enseignants-chercheurs dans cette discipline a baissé de 8 % depuis 2020. Dans le classement PISA, la France demeure dans la moyenne de l'OCDE pour les sciences, progresse légèrement en lecture, mais les inégalités socio-économiques entre élèves et établissements persistent, sinon s'accentuent.

Il existe dans notre pays une ségrégation scolaire que l'on feint d'ignorer. Aux marges des grandes villes, des établissements publics accueillent une large part des élèves défavorisés, tandis que d'autres, situés dans des quartiers plus favorisés, semblent épargnés par les difficultés. Dès lors, comment s'étonner que l'égalité des chances apparaisse, pour les plus modestes, comme une promesse inaccessible, un idéal dont la réalité les exclut ? L'université elle-même reflète ces inégalités : les conditions de vie et de réussite y sont profondément inégales, et, pour nombre d'étudiants, la précarité étouffe les aspirations avant même qu'elles ne prennent forme.

Faire de l'école une priorité n'est pas une posture, mais une nécessité. Aucune nation ne peut se réconcilier avec elle-même si elle accepte de laisser s'éroder ce qui la fonde. Aucun fatalisme ne saurait justifier l'abandon de cette exigence : donner à chacun une chance, déceler en lui ce qu'il ignore encore porter, faire de l'apprentissage un levier d'émancipation et non une mécanique d'exclusion. C'est là que se joue la confiance d'un peuple dans son avenir, et que se perpétue l'idéal des fondateurs de la République. Car l'école n'est pas seulement un lieu d'instruction : elle est le premier foyer du vivre-ensemble, le lieu où se forge cette fraternité républicaine qui, sans transmission du savoir et du respect, ne serait qu'un mot vidé de son sens.

Enfin, la réalité de la France, c'est sa dette écologique, sa précarité financière et la souffrance démocratique.

Tandis que la planète est en alerte rouge carbone, certains, soucieux de préserver des intérêts établis, se rassurent en rappelant que la France ne représente que 1 % des émissions mondiales de CO_2. Mais cette comptabilité ignore l'empreinte réelle de notre consommation : les biens importés, produits dans des pays où les normes sociales et environnementales sont moins exigeantes, alourdissent notre bilan. Pourtant, la nation ne manque ni des technologies, ni des infrastructures, ni des compétences pour construire un mix énergétique garantissant sa compétitivité, sa souveraineté et, à terme, sa neutralité carbone. Les efforts à consentir sont connus : repenser nos mobilités, améliorer la performance énergétique de l'habitat, accélérer la transition industrielle. La course contre la montre est désormais engagée, comme en témoignent les incendies, les vagues de chaleur, les sécheresses et les phénomènes climatiques, chaque année plus fréquents, plus précoces et plus violents.

Certes, l'endettement rend précaire la situation de l'État. Avec une dette publique qui dépasse 120 % du PIB – soit quatorze points de plus qu'avant le Covid –, la France est devenue vulnérable. Certains, hier encore, juraient que cette dette ne serait jamais remboursée. D'autres jouaient les vigies de la rigueur, en feignant d'oublier les chèques distribués sans ciblage, et le signal envoyé du « quoi qu'il en coûte ». Désendetter la France, c'est défendre sa souveraineté et assurer la soutenabilité de ses finances. Lorsque la dette atteint 3 200 milliards d'euros et qu'une simple hausse d'un point des taux d'intérêt se traduit par un surcoût de 15 milliards, la marge de manœuvre se réduit et, avec elle, la possibilité de maîtriser notre destin. Quand la charge de la dette rivalise avec le premier budget de l'État, celui de l'Éducation, alors que la dépense publique française est déjà la plus élevée de la zone euro, le risque est de ne plus pouvoir financer, demain, la transition écologique, le logement, l'industrie, les infrastructures ou les services publics essentiels. Restaurer nos marges de manœuvre, c'est conditionner notre capacité à investir dans l'avenir, qu'il s'agisse de recherche, d'intelligence artificielle ou de l'accompagnement des territoires.

De l'actuelle présidence, qui s'achève dans une lumière crépusculaire, beaucoup a été dit. L'histoire, avec sa patience coutumière, fera le tri des commentaires et des jugements. Mais chacun aura compris que le « nouveau monde » promis n'avait, en réalité, rien de neuf, et qu'il portait même en lui les stigmates de l'antédiluvien. Chaque mandat, quel qu'il soit, mérite d'être jugé avec équité. Celui qui court, depuis 2017, ne fait pas exception : le dédoublement des classes de CP et CE1 en éducation prioritaire fut un progrès, de même que la poursuite de la politique industrielle amorcée par la gauche avec la BPI (Bpifrance), le pacte de compétitivité et les filières de la France industrielle, ou encore le soutien – bien que souvent mal ciblé – aux ménages et aux entreprises lors de la pandémie.

Mais au-delà de ces mesures, le bilan est lourd. Un pouvoir élu sous la bannière de Michel Rocard a gouverné comme celui de Guizot. Depuis 2017, le pays a vu ses divisions se creuser. Or, n'est-ce pas le premier devoir du chef de l'État que de veiller à l'unité du pays ? Peut-on parler d'unité lorsque l'on désigne ses compatriotes comme autant de « Gaulois réfractaires », lorsque l'on divise l'urbain et le rural, le public et le privé, les jeunes et les aînés, les premiers de cordée et « ceux qui ne sont rien » ? Une démocratie véritable ne se limite pas à la seule légitimité du suffrage universel, elle doit aussi être sociale et territoriale. Comment justifier, alors, huit ans d'oubli des corps intermédiaires, d'indifférence aux propositions des partenaires sociaux comme à celles des élus des grandes collectivités ?

Soyons justes cependant lorsque d'autres ne le sont pas : le chef de l'État n'est pas seul comptable des tensions qui traversent le pays, même s'il est seul responsable de l'avachissement de nos institutions depuis la funeste décision de dissoudre l'Assemblée nationale, au soir du résultat des élections européennes. À la techno-verticalité présidentielle s'ajoutent en effet deux autres facteurs de tensions :

Pour le national-populisme, la confrontation est un fonds de commerce électoral. L'extrême droite ne cherche pas tant à résoudre les divisions du pays qu'à les approfondir. Si tel n'était pas le cas, le Rassemblement national et ses dirigeants auraient rayé de leur programme la « préférence nationale », qui suppose qu'il y aurait des Français de souche et d'autres de papier. Et si tel n'était pas le cas, le parti de M. Zemmour et celui de Mme Le Pen, épaulés par la nébuleuse réactionnaire, n'auraient pas méthodiquement alimenté les tensions en Loire-Atlantique autour du déplacement d'un centre d'accueil des demandeurs d'asile, ouvert en 2016, multipliant tweets, articles et manifestations – en octobre, en novembre, en février 2023. Sans cette instrumentalisation politicienne et la remise en cause de la signature par la France de la convention de Genève de 1951, des hommes et des femmes réfugiés, ayant fui la guerre et la persécution, n'auraient pas été désignés à la vindicte, ni le domicile du maire de Saint-Brevin-les-Pins incendié par des individus haineux, alors qu'il s'y trouvait avec son épouse. L'extrême droite fait toujours de la tension un tremplin, fût-ce sous les apparences de la respectabilité. Mais les apparences n'ont jamais modifié la nature profonde des projets politiques et de ceux qui les portent.

Voilà pourquoi il est inquiétant qu'à gauche un radical populisme revendique la conflictualité comme stratégie, en s'en prenant aux institutions, à la démocratie représentative et à l'État. Ce faisant, il alimente à grande échelle le vote RN et nourrit la mécanique que l'extrême droite espère voir prospérer, au point de contribuer lui-même à la normalisation de ce qu'il prétend combattre.

Le peuple n'est ni une foule ni une meute. Il porte une haute conception de la politique et attend qu'un débat démocratique soit régi par le respect. Car la violence est le langage de ceux qui ont renoncé au dialogue, et la République est en cela son antithèse, qui repose sur le droit et sur l'éducation. Dans son espace, la seule boussole demeure la quête de vérité, l'argumentation, et le respect des convictions d'autrui, comme de la personne humaine.

Face aux défis immenses qui attendent la nation, c'est son unité qui doit prévaloir. Se délester des divisions qui la minent et affronter lucidement les enjeux du siècle, c'est retrouver le sens de l'action collective. La France n'y parviendra pas si ses politiques publiques se morcellent en catégories, en segments, en communautés, et si elles demeurent soumises à la verticalité d'un pouvoir solitaire. L'érosion de la confiance des Français envers leurs représentants n'est pas nouvelle. Mais elle a été spectaculairement accentuée. Un exercice du pouvoir hésitant, changeant, frivole, qui dit tout et son contraire, qui oscille depuis sept ans sans ligne claire, sans cap, sans autre boussole que son bon vouloir, a épuisé le pays.

Le pouvoir a préféré des consultations fabriquées, à distance de nos institutions, par des officines de marketing politique, à l'instar du grand débat national. Pour les citoyens de bonne volonté, honnêtes, qui ont accepté de participer avec bienveillance à cet exercice, ne restent que de l'amertume et plus de 16 000 cahiers de doléances qui prennent la poussière dans les archives départementales depuis février 2019. Pour en avoir parcouru certains, lu ces feuilles souvent modestes, j'y ai trouvé, mêlé à la colère et à la souffrance, le désir d'un dépassement, d'un engagement commun.

La France ne s'apaisera qu'en rompant avec une pratique du pouvoir qui a consacré l'impuissance. Comme le disait François Mitterrand, on ne peut rien contre la volonté d'un homme ou d'une femme. On ne gouverne pas davantage contre l'aspiration profonde d'un peuple. Et si celui-ci doit être convaincu, face aux réalités du temps, ce ne sera pas par la séduction ou par la prestidigitation des effets d'annonce, mais par le dialogue et la recherche du compromis. Convaincre plutôt que séduire. Emprunter les chemins escarpés de la vérité, plutôt que les masquer sous les artifices de la politique.

Oser le courage de l'action et le sens du service. C'est là, et nulle part ailleurs, que peut se trouver le chemin du retour à la confiance.

Le pays est douloureux, l'irresponsabilité est partout, disais-je pour commencer. On ne sauvera le pays ni par l'oubli ni par le fracas des affrontements stériles. Il faut d'abord écouter sa souffrance, nommer ce qui l'épuise, discerner ce qui en lui chancelle et ce qui demeure. On ne le guérira pas en le flattant ni en le brusquant, mais en lui rendant la mémoire de sa grandeur et la conscience de son destin, en le situant à sa juste place dans une époque si difficile. Et si l'espérance vacille, qu'il sache qu'il existe toujours, veillant dans la nuit comme aux heures les plus sombres de notre histoire, des âmes ardentes qui résistent et refusent d'abandonner. Il reste encore, sous les cendres, la flamme. Mais il faut une volonté ferme et sincère pour la rallumer.

Le temps des pharisiens

3 novembre 2022

Dans son *Bloc-notes*, François Mauriac disait ce qu'il croyait juste. À l'heure d'écrire, aucun de ceux qui, par leurs choix ou leurs comportements, avaient manqué à leurs devoirs n'était épargné. De temps à autre, il mettait à l'honneur les grands mérites des rares tempéraments qui résistaient à l'air du temps : le général de Gaulle suscitait ses louanges, Pierre Mendès France ses encouragements, et François Mitterrand sa curiosité de romancier. Son ironie cruelle valait à Mauriac la haine tenace de ses cibles, que rien ne parvenait à étancher. C'est que, la plupart du temps, il visait juste, surtout lorsqu'il décelait parmi les postures les plus grandiloquentes l'hypocrisie toujours médiocre des pharisiens. Lorsqu'on le classait à droite et qu'on le pensait aveuglé par son gaullisme inconditionnel, c'est dans *L'Express*, dont la rédaction n'était guère tendre avec le héros de la France libre, qu'il publiait ses articles. Et lorsque son combat pour la décolonisation le faisait détester des plus conservateurs, c'est dans les colonnes du *Figaro* qu'il reprenait ses habitudes : son arme était sa liberté et la lucidité, le secret de sa longévité.

Il y a, dans l'époque où nous vivons, un grégarisme sans appel, qui rend la lucidité plus rare et la liberté, par ricochet, plus coûteuse. Pourtant, nous venons de subir une semaine politique et parlementaire qui devrait faire prendre conscience du marasme où le pays se trouve désormais plongé.

D'un côté, l'actuel pouvoir a perdu la main. Certes, il profite encore de la radicalité de ses oppositions, dont il se délecte des outrances, lorsqu'il ne les encourage pas par quelques provocations calculées. Comme pour mieux s'assurer que rien de sérieux ne parviendra à éclore sur ses flancs qui pourrait donner envie d'une alternance, il cherche à tendre le débat public sur les sujets les plus sensibles – les retraites notamment – et menace jusqu'à sa majorité de la tentation du passage en force. Le pays se trouve ainsi privé de la perspective des compromis utiles, sans lesquels il n'est pas de réformes possibles. La France est désormais sans corps intermédiaires, sans partis crédibles ni forces syndicales reconnues pour leurs bienfaits, où les risques de courts-circuits politiques menacent en permanence la paix sociale. À ce jeu dangereux, une seule force prospère, le Rassemblement national, qui pousse l'audace jusqu'à proposer une grande conférence sociale, laissant à la gauche le soin de cultiver seule le mythe des marches révolutionnaires, des journées disruptives forgées dans les heures éruptives. Dès lors, on comprend mieux pourquoi des syndicats, déjà très affaiblis, rechignent à s'engager dans une telle aventure, si bien que tout ajoute à l'angoisse objective de nos concitoyens, face à la vie chère, au démantèlement de l'État et des services publics, sans qu'aucun débouché politique ne se présente à eux, qui leur permettrait à nouveau d'espérer.

À gauche, la domination de la France insoumise impose aux formations qui la composent un agenda dont l'incongruité saute aux yeux de quiconque est plus sensible à l'intérêt du pays qu'aux jeux scabreux des appareils. Le spectacle donné à l'occasion du vote de la motion de censure, présentée par la Nupes et à laquelle le Rassemblement national, manœuvrant à son tour, a souhaité apporter ses suffrages, achève de nous convaincre de l'effondrement du paysage politique. Ceux qui se sont érigés en garants autoproclamés de la vraie gauche, excommuniant les uns, qualifiant de droitiers tous ceux qui sincèrement redoutaient leur cynisme et s'inquiétaient des effets sur l'opinion de leurs excès, ont organisé avec l'authentique extrême droite une convergence parlementaire dont ils auraient dû protéger notre pays. Sans doute pour s'exonérer de leur faute convoqueront-ils bientôt une marche ?

De cet épisode, l'éthique de responsabilité est à nouveau sortie meurtrie, la gauche abîmée et l'extrême droite confortée. On aurait pu souhaiter bilan plus brillant. Que le texte de la motion de censure ait été ou non amendé pour permettre aux députés lepénistes de le voter est en tout point secondaire. La seule question qui mérite d'être posée est celle de l'aveuglement de tous ceux qui se sont accommodés, par calcul ou par intérêt, d'une alliance politique ayant rendu possible cette honteuse collusion. Si la France insoumise en assume sans barguigner les effets, c'est qu'elle en a conçu le principe. C'est là une grave faute politique et morale qui achève de désinhiber tous ceux qui aspirent à voir le processus se poursuivre dans les urnes. Ce seul fait devrait imposer à tous ceux qui se sont fourvoyés de se ressaisir, en substituant à leur anémomètre une boussole.

De cet épisode où chacun tient sa part de responsabilité et qui témoigne d'un système à bout de souffle, il ne faut retenir que quelques constats et enseignements simples, qui pourraient à eux seuls susciter les conditions d'un possible rebond. Chacun des acteurs politiques qui s'enlisent dans ce marécage a un intérêt vital à voir ceux auxquels il s'oppose poursuivre leur course folle, en espérant que jamais ils n'amenderont leurs comportements. Lorsque ceux qui combattent dans l'arène aspirent à voir les défauts de leurs adversaires se perpétuer, le système se grippe et le pays s'affaisse, car tout est tiré vers le bas. C'est la loi de la gravité aux deux sens du mot : la pesanteur et le déshonneur. Dans ce jeu de rôle où le calcul est partout et la sincérité presque nulle part, les plus cyniques finissent toujours par l'emporter, surtout s'ils n'ont jamais gouverné et que le bénéfice du doute peut encore leur bénéficier. Seule la confiance restaurée peut constituer une digue solide face à la poussée des extrémismes, et celle-ci n'est concevable que s'il est suffisamment de cœurs ardents et d'esprits désintéressés pour préférer au « tacticisme » politique des pharisiens, l'intérêt supérieur de la nation. Il faudrait pour cela se mettre en risque, en acceptant cette part d'abnégation et de courage sans laquelle il n'est pas de grandeur. Il faudrait pour cela que tous les ambitieux se découvrent pour le pays une grande ambition et que Mauriac redevienne un auteur à la mode.

L'énergie décarbonée plutôt que l'énergie du désespoir

16 novembre 2022

La conférence de Charm el-Cheikh a réuni des nations désormais dos au mur pour ne pas avoir pris à temps les décisions qu'appelle le changement climatique. Alors que les générations précédentes s'étaient mobilisées pour une vie meilleure, celle de nos enfants se bat pour que la vie humaine soit encore possible. Le grand combat de cette jeunesse ardente est d'une urgence à ce point vitale que l'énergie qu'elle déploie ressemble de plus en plus à celle du désespoir.

Nous aurions grand tort de nous ériger en juges de son action, comme si nous n'étions comptables de rien. Si l'on veut que l'aspiration à un monde différent ne se confonde pas avec la violence et l'extrémisme, il faut trancher dans l'urgence ce qui doit l'être et mettre la lucidité et l'innovation au service d'une exigeante ambition de rupture. Sans cet effort nécessaire, les contradictions d'une mondialisation sans limites ni règles et les injustices qu'elles engendrent sèmeront partout la désolation.

La France doit entretenir la flamme qui inspira, en 2015, l'accord de Paris sur le climat. Certes, les plus optimistes objecteront que l'Union européenne s'est déjà fixé pour objectif la décarbonation de son économie à l'horizon 2050, afin de reconquérir son autonomie stratégique, énergétique et industrielle. Il est probable par ailleurs qu'aucun gouvernement ne se hasardera plus à faire l'impasse sur l'efficacité ou la sobriété énergétiques, et que les politiques publiques n'auront plus désormais d'autre choix que de convertir à l'électricité toutes les activités consommatrices d'énergie, qu'il s'agisse des transports, du chauffage ou des activités économiques et industrielles.

Or, les estimations les plus récentes confirment que cet objectif ne sera atteint que si l'Europe parvient à fournir, d'ici à 2050, entre 50 % et 100 % d'électricité supplémentaire, dans un contexte où tous les moyens de production actuels seront obsolètes : les énergies fossiles ne sont déjà plus compatibles avec les objectifs climatiques ; les infrastructures éoliennes et solaires auront bientôt plus de vingt-cinq ans et seront en fin de vie ; les centrales nucléaires devront elles aussi être remplacées.

Pour faire face à l'ampleur du défi, l'Union européenne devra consentir des investissements supérieurs à 3 000 milliards d'euros – soit 150 milliards par an – que seul un plan Marshall parviendra à rendre possibles, et que s'il puise à la source d'une volonté politique et d'une solidarité continentale qui font aujourd'hui cruellement défaut. Devant ce constat implacable et à l'urgence climatique, l'esprit de responsabilité devrait conduire chacun à considérer comme inéluctable le recours à toutes les formes d'électricité décarbonée, qu'elle soit hydraulique, éolienne, solaire ou nucléaire. Le temps n'est plus aux querelles qui opposèrent jadis les tenants du renouvelable à ceux du tout nucléaire. S'il doit y avoir convergence des points de vue, c'est autour du renoncement définitif aux énergies fossiles qu'il convient de l'envisager !

La réindustrialisation de l'Europe demeurera un vœu pieux aussi longtemps que le prix de l'électricité industrielle ne sera pas à la fois compétitif et stable. Faute de quoi la réimplantation en Europe d'une industrie électro-intensive produisant de l'aluminium, de l'acier ou du verre sera illusoire et toute l'industrie européenne de transformation s'en trouvera condamnée. Des territoires devenus des déserts seront comme le creuset de toutes les colères, emportant dans leur désespérance à la fois la paix sociale et ce qui demeure encore de nos aspirations à vivre ensemble. Quant à la protection sociale, aux services publics et aux investissements d'avenir, qui peut sérieusement imaginer leur financement pérenne sans la contribution d'un outil productif compétitif et efficient ? La mise en œuvre d'une taxe carbone aux frontières est souvent présentée comme l'ultime parade face aux risques qui se profilent. En dépit des apparences, elle conduirait inéluctablement au renchérissement du prix des produits importés vendus en Europe, ce qui ajouterait à l'impasse industrielle et à l'effondrement du pouvoir d'achat des ménages. Les ponctions alors opérées ne pourraient être compensées que par une électricité européenne redevenue très bon marché et par une compression des coûts de production, rendue possible par un très haut niveau d'efficacité industrielle.

À ce stade, une question se pose : les États membres de l'Union européenne parviendront-ils à surmonter leurs divergences d'intérêts stratégiques et de mix énergétiques pour élaborer, au bénéfice collectif des citoyens, une approche coordonnée et mutuellement bénéfique ?

Il faut reconnaître que les événements récents, qui ont privé l'Allemagne du gaz russe à bon marché, déstabilisent jusqu'au fondement de sa prospérité. L'ampleur des réserves budgétaires accumulées par notre grand voisin (200 milliards d'euros) peut le soumettre à la tentation de se sauver seul, au détriment d'une stratégie électrique et industrielle européenne cohérente et mutualisée. Convenons que l'Allemagne n'a jamais cessé d'exercer sa souveraineté industrielle quand d'autres nations, dont la France hélas, se sont trop souvent satisfaites de l'invoquer, jusqu'à la publication du rapport Gallois en 2012.

Dans ces conditions, le pire pour notre pays serait de ne rien faire, en attendant benoîtement l'avènement d'une hypothétique convergence européenne. La France n'a donc d'autre choix que de s'engager résolument dans une stratégie qui assurera le plus rapidement possible sa totale indépendance électrique et lui servira de socle pour contribuer utilement à l'avenir de l'Europe de l'énergie. Sa crédibilité supposera qu'elle produise, d'ici à 2050, jusqu'à 800 TWh par an, et qu'elle délivre 110 à 120 GW au moment des pointes hivernales.

Pour atteindre ces niveaux, les moyens de production électrique pilotés à l'échelle nationale devront être constitués d'hydraulique, de nucléaire, d'éolien marin, de solaire, et d'une part résiduelle de gaz, permettant de faire face à l'intermittence de certaines énergies renouvelables au moment des pics de consommation. Compte tenu des délais nécessaires pour déployer une telle ambition, une planification précise doit être élaborée sans tarder et mise en œuvre sans faiblesse. La place de la France dans le monde, l'avenir de notre modèle social ainsi que la capacité de l'Europe à agir vraiment sur le changement climatique en dépendent.

Laïcité, liberté et démocratie sont un même mot

14 décembre 2022

Les vagabondages mémoriels sont une mode de l'époque. Le plus souvent ils sont l'occasion, pour chacun qui croit que sa statue sera sculptée de son vivant, d'œuvrer à son autopromotion. À ce jeu de Narcisse, la culture historique perd en rigueur ce que l'art de la mise en scène gagne en effets spéciaux. Les faits de l'histoire se font alors anecdotes, au point qu'il est possible d'en détourner le sens profond à son seul profit. Sans vergogne, on déambule dans le passé, on en convoque les grandes figures, avec pour arrière-pensée d'apporter la démonstration qu'on est indispensable à son temps.

C'est par ce moyen que Simón Bolívar surgit subitement dans l'imaginaire de la gauche française ou que certaines commissions d'historiens se voient assigner des objectifs diplomatiques et politiques, à la gloire de ceux qui les ont installées. Il faut donc se garder, pour la salubrité du devoir de mémoire, de distendre la relation intime que la nation entretient avec les événements de sa propre histoire, sauf à prendre le risque d'une crise profonde d'identité dont les effets, à terme, ne manqueraient pas de se révéler telluriques. À cette fin, l'histoire doit être enseignée et apprise, car, comme science humaine, elle ne saurait souffrir la moindre inexactitude.

C'est fort de ce constat que j'ai pris connaissance, le 9 décembre dernier, d'une étude de l'Ifop révélant que 56 % des professeurs avaient déjà été amenés à modifier leurs enseignements, de crainte de heurter les convictions philosophiques ou religieuses de leurs élèves. Il s'agit là d'une dégradation de près de sept points de la tendance constatée au cours de l'année 2020, qui vit notre pays affronter le tragique assassinat de Samuel Paty. À l'école donc, le maître se trouve désormais dans l'obligation de s'autocensurer, dans l'indifférence de la société à la blessure qu'il s'inflige à lui-même lorsqu'il renonce à transmettre certaines des connaissances accumulées au fil du temps par la philosophie, les sciences ou l'histoire. Jadis, cette somme de savoirs s'appelait les humanités, car sans elles, il n'était pas d'humanisme possible.

Dans la France des Lumières, l'universalisme a toujours pris sa source dans l'ambition de faire accéder le plus grand nombre de jeunes consciences au libre arbitre, en donnant à l'école et à ses hussards noirs le soin de protéger chacun des pressions susceptibles de s'exercer sur lui, en le faisant accéder à la pensée rationnelle. L'enseignant n'avait alors rien à redouter de son élève, car il était son meilleur protecteur face à quiconque avait pour projet d'entraver son accession au statut de citoyen éclairé. Alors que l'islamisme peut parfois conduire jusqu'à la déscolarisation des enfants, vouloir à tout prix les protéger de ce fléau n'est pas une mauvaise manière qu'on leur fait. C'est au contraire le témoignage du respect dans lequel on les tient, guidés par la promesse républicaine, maintes fois réitérée, de donner à chacun sa chance.

On pourra toujours se consoler des résultats de cette enquête, en relisant le très beau discours que Jean Jaurès prononça à Castres, le 30 juillet 1904, lorsqu'il célébra la laïcité en lui donnant cette portée singulière qui en fit un principe d'émancipation dans le grand sanctuaire qu'est l'école. On trouvera dans cette adresse à la République bandant ses forces la volonté de ne jamais rien céder à l'air du temps, qui pourrait lui faire perdre de vue sa promesse. Rappelant en citant Pierre-Paul Royer-Collard que « la démocratie n'est autre chose que l'égalité des droits », Jaurès soulignait « qu'il n'y a pas d'égalité des droits si l'attachement de tel ou tel citoyen à telle ou telle croyance, à telle ou telle religion, est pour lui une cause de privilège ou une cause de disgrâce ». Et de poursuivre, avec une ardeur qu'on aimerait voir renouvelée, par l'affirmation que la démocratie trouve ses fondements en dehors de tout système religieux, car elle suppose « l'égale dignité des personnes humaines appelées aux mêmes droits et invitées à un respect réciproque ». Cette voix juste et forte pouvait alors pousser le raisonnement politique jusqu'à son terme, en donnant à la laïcité et à la démocratie un sens qui leur est commun et qui fait aujourd'hui cruellement défaut. Dans la République, dont elles constituent les piliers, ces deux valeurs demeurent à tout jamais indissociables.

Le grand défi existentiel qui se présente à la nation est bien celui qui animait Jaurès lorsqu'il posait la seule question qui vaille : « Comment l'enfant pourra-t-il être préparé à exercer sans crainte les droits que la démocratie laïque reconnaît à l'homme, si lui-même n'a pas été admis à exercer sous forme laïque le droit essentiel que lui reconnaît la loi, le droit à l'éducation ? »

On ne peut espérer faire longtemps société si ceux qui aspirent à devenir citoyens ne déposent pas, aux portes de l'école, les croyances religieuses ou philosophiques – mais aussi marchandes ou politiques – que des fardeaux familiaux ou culturels inscrivent mécaniquement dans le parcours de chaque être humain. Vouloir à tout prix revendiquer sa seule identité comme un horizon indépassable, se résigner à ne jamais la confronter à la connaissance scientifique et à l'aspiration au progrès, c'est non seulement renoncer à la liberté, sans laquelle il n'est pas de démocratie possible, mais c'est aussi favoriser tous les replis communautaires, en prenant le risque de la séparation voulue et de la confrontation généralisée.

Nul ne saurait s'épanouir pleinement à travers la seule revendication de ce qu'il est, dans un enfermement numérique et une hostilité déclarée à ce que sont tous les autres, à raison de leurs appartenances philosophiques ou religieuses. Sauf à prendre le risque de condamner l'humanité à ne plus jamais connaître l'altérité, la France ne peut accepter qu'un bâillon entrave la parole des professeurs. La censure qu'ils s'imposent à eux-mêmes, lorsqu'ils transmettent leurs savoirs, interpelle la nation tout entière. C'est pourquoi il relève du devoir de l'État de leur permettre d'exercer librement leurs missions. Le dire, c'est déjà reconnaître la profondeur de mal. Agir encore et toujours serait préférable, car l'urgence se confond désormais avec l'essentiel : face à l'intolérance qui monte, aujourd'hui plus qu'hier, laïcité, liberté et démocratie ne font qu'un seul mot. Et une même exigence.

Retraites : « réforme » ne peut pas vouloir dire « régression »

11 janvier 2023

À tous ceux qui s'inquiètent des blocages de la société, qui rêvent de mouvement et s'enivrent de progressisme, ce constat devrait suffire à établir que le problème n'est pas seulement celui du tempérament d'un peuple réfractaire

En raison de la manière qu'ont les gouvernants de conduire les réformes, à chaque fois que les Français les voient venir à eux, ils estiment, que ce soit justifié ou non, qu'un mauvais coup se prépare. Pour nos concitoyens, « réforme » signifie désormais « régression ». À tous ceux qui s'inquiètent des blocages de la société, qui rêvent de mouvement et s'enivrent de progressisme – dont ils confisquent parfois la définition –, ce constat devrait suffire à établir que le problème n'est pas seulement celui du tempérament d'un peuple réfractaire.

Car le refus de l'injustice ne signifie pas le rejet du changement. De même, on aurait tort de ne retenir que le défaut de méthode, même s'il est rare qu'un projet mal engagé parvienne à produire des résultats heureux. On serait en revanche bien inspiré de considérer qu'aucun agenda ne dégagera jamais un compromis acceptable s'il ne s'inscrit pas, préalablement, dans un projet clair, compris de tous et conduit de bonne foi, et dont chacun puisse espérer qu'il lui permette, grâce aux mesures prises, de vivre mieux.

Il est ainsi de la réforme des retraites, qu'on ne peut réduire à l'opposition frontale de ceux qui ne veulent rien intégrer des contraintes qui pèsent sur les comptes de l'assurance vieillesse à ceux que leur courage, évidemment dépourvu d'arrière-pensées, conduirait à vouloir réformer à tout prix le système, au nom de l'éthique de responsabilité. Ce serait oublier que derrière la volonté de porter à 64 ans l'âge du départ à la retraite, il y a surtout la recherche d'un accord politique à tout prix, au détriment de la justice, avec les groupes parlementaires LR de l'Assemblée nationale et du Sénat.

Que certains dans l'appareil gouvernemental aspirent à cette confrontation peut aisément se concevoir, dès lors que le but est de prouver que face au « progressisme d'État » le populisme des oppositions les condamne à se vautrer dans l'inconséquence. C'est la raison pour laquelle on laisse le piège se refermer sur la gauche et les organisations syndicales si, à chaque fois qu'une question se pose sur la pérennité de l'État-providence, on a pour seul réflexe d'organiser des grandes marches annonciatrices de grands soirs. La démagogie consiste par ailleurs à proposer le retour à la retraite à 60 ans pour tous, alors qu'un examen lucide de la situation montre qu'une hypothèque sérieuse pèse déjà sur la possibilité de financer le départ à 62 ans de tous ceux que la vie au travail a éreintés depuis le plus jeune âge.

On ne pourra en effet à la fois augmenter les retraites des plus modestes des Français et abaisser l'âge légal ouvrant droit au bénéfice d'une pension complète sans prendre le risque d'un grave court-circuit, compromettant durablement la solidarité entre les classes d'âge et la pérennité de la protection sociale dans son ensemble.

Dès lors se pose la question de ce que pourraient être les équilibres d'une juste réforme. À force de renoncer sciemment aux principes essentiels de justice, de solidarité, de dignité et de respect de chacun, on sape les fondements de l'unité nationale, en rendant inatteignable le compromis souhaitable. Dans les hypothèses de travail du gouvernement, qui se fondent sur les travaux du Conseil d'orientation des retraites, on décèle quelques éléments sur lesquels le débat devrait utilement s'instaurer.

On part tout d'abord du postulat que la masse des salaires versés aux fonctionnaires territoriaux et hospitaliers diminuera et que les cotisations qu'ils versent à leur caisse de retraite s'en trouveront réduites. Si cette hypothèse devait correspondre à la réalité, cela signifierait que le gouvernement a pour agenda caché d'affaiblir davantage encore les services publics, en privant ceux qui les font fonctionner d'une juste rémunération, ou qu'il entend faire des effectifs des agents publics territoriaux et de santé, déjà à la peine, les principaux contributeurs des efforts à consentir pour rétablir les comptes publics.

Si tel est bien le projet, il est urgent d'en informer les Français, car la réforme les conduira à subir, de surcroît, la dégradation accélérée des services publics, dont la conjonction des crises rappelle chaque jour l'irremplaçable apport. Les plus vulnérables n'ont pas besoin qu'on leur inflige une double peine. On pourra objecter à cet argument que le gouvernement a formulé des propositions pour que les carrières longues et la pénibilité soient davantage prises en compte, afin d'épargner aux travailleurs les plus modestes les effets les plus injustes de la réforme.

De fait, le dispositif annoncé semble permettre à ceux qui ont commencé à travailler tôt, dans les métiers les plus pénibles, de partir au plus tard à 62 ans, mais il ne tient pas compte des travailleurs qui, étant entrés dans la vie professionnelle à partir de 18 ans, devront travailler deux années de plus. Quant au minimum contributif, proposition bienvenue puisqu'elle permettra d'augmenter le montant des pensions versées aux plus modestes des retraités, il ne pourra améliorer la situation des seniors que si ces derniers ne sont pas mis au rebut par les entreprises, au motif que leur productivité est réduite. Il n'est pas certain que l'instauration d'un index dans les entreprises suffira à conjurer ce risque.

Enfin, il ne faudrait pas que l'engagement du président de la République d'augmenter les « petites pensions » ne s'applique qu'aux nouveaux retraités. Si la revalorisation des pensions des retraités actuels est bien prévue pour tous ceux qui ont une carrière complète au niveau du SMIC, il conviendra également de veiller aux conditions de revalorisation des pensions minimales des personnes déjà retraitées, afin d'éviter leur précarisation. En tout état de cause, la décision prise par le gouvernement de porter l'âge légal à 64 ans et de procéder à une forte accélération de l'allongement de la durée de cotisation pèsera lourd pour une majorité de Français modestes et qui ont commencé à travailler tôt.

Il existe encore, sur ces importants enjeux, trop d'imprécisions qu'une vraie étude d'impact aurait permis de lever pour que de la confiance permette le compromis.

Pour qu'un accord se construise, il faut que la démocratie sociale redevienne la méthode, et le respect des corps intermédiaires, la règle. On ne peut en effet reprocher aux organisations syndicales de ne pas se résoudre à jouer les utilités – en refusant de corriger à la marge un projet qu'elles considèrent comme injuste dans ses principes –, et dans le même temps ne pas les associer, dès l'amont, à l'ambition de voir la réforme et le progrès se conjuguer. Si l'on voulait vraiment l'apaisement et l'espérance, ainsi s'y prendrait-on. C'est là le seul chemin pour éviter que la France ne se bloque et que ses chances de redressement ne soient pour longtemps perdues.

Loi de programmation militaire : de la cohérence des choix et de l'opportunité du moment

25 janvier 2023

La semaine dernière, le président de la République a annoncé que la nation devrait consentir, pour la période 2024-2030, un effort historique de 413 milliards d'euros, afin de garantir la crédibilité de sa défense, dans un contexte géopolitique qui l'expose à des menaces démultipliées et inédites.

Le soutien budgétaire dont les armées pourront disposer – si toutefois les engagements de l'État sont tenus – est présenté par l'exécutif comme équivalent, par son ampleur, à celui que le général de Gaulle engagea au début de la Ve République lorsqu'il fit le choix pour la France de la stratégie de la dissuasion nucléaire.

Ces annonces ont d'autant plus marqué les esprits qu'elles s'inscrivent dans un contexte international, européen et intérieur de plus en plus dangereux et contraint. La multiplication des foyers de tensions au cours des dernières années, partout dans le monde, a permis de prendre la mesure des évolutions profondes qui ont affecté les relations entre les puissances, alors que l'ordre multilatéral, qui avait permis de maintenir la paix entre elles, se défaisait peu à peu. Le retrait des troupes présentes en Afghanistan, décidé unilatéralement et sans préavis par les États-Unis, s'est opéré dans la confusion, abandonnant de nouveau un peuple désespéré et meurtri aux talibans, dont nul ne peut ignorer les liens qu'ils ont longtemps entretenus avec al-Qaïda et ses multiples démembrements.

En Afrique, où la France était intervenue en 2013 pour éviter que le Mali ne tombât aux mains des islamistes et que le terrorisme ne s'enkystât au Sahel, les coups d'État à répétition et les opérations de déstabilisation, menées notamment par la Russie et la Chine, ont contribué à réduire l'influence française et européenne, comme en témoignent les difficultés récemment rencontrées dans la région par la force européenne Takuba.

En septembre 2021, en zone indopacifique, l'alliance Aukus nouée entre les États-Unis, l'Australie et le Royaume-Uni a confirmé – sans aucun égard pour la France et à son détriment – les nouvelles priorités stratégiques anglo-saxonnes, sur fond de rivalités sino-américaines. Simultanément, le déclenchement par la Russie de la guerre en Ukraine a fait resurgir sur le continent européen le spectre de la guerre de haute intensité, plaçant les nations de l'Union face à la nécessité d'assurer leur propre défense, en articulation étroite avec l'OTAN, et de conforter les moyens de leur souveraineté énergétique, économique et militaire.

Rarement par le passé le contexte géopolitique n'avait laissé aussi peu de place au droit international, au multilatéralisme, et autant de prérogatives aux nationalismes les plus agressifs et aux ambitions de puissance les plus assumées, jusqu'à pousser certains réseaux à orchestrer des cyberattaques ou des campagnes massives de désinformation, sans compter les exactions commises par les milices armées du groupe Wagner, en vue de déstabiliser des adversaires ou de conduire des opérations criminelles contre des populations civiles.

Face à cette réalité, on ne saurait reprocher au gouvernement français de faire les efforts nécessaires à la correction des funestes effets produits sur les armées, notamment par la révision générale des politiques publiques. Mais saluer l'effort, au moment où l'heure semble particulièrement grave, justifie aussi qu'on interroge le plus scrupuleusement possible les buts pour lesquels il est consenti, le cadre stratégique dans lequel il s'inscrit et sa soutenabilité budgétaire, dans un contexte où le président de la République appelle à la fin du « quoi qu'il en coûte », sans toujours expliquer avec pédagogie aux Français ce qui pourrait leur en coûter d'y mettre fin.

Des annonces faites la semaine dernière, il faut, pour la clarté du débat et le nécessaire renforcement du lien entre les citoyens et la nation, déduire quelques questionnements utiles et les porter dans le débat national et européen.

Les premiers sont relatifs au modèle d'armée dont nous souhaitons disposer à l'avenir. Un conflit de haute intensité, engageant nos militaires durablement sur des théâtres d'opérations complexes, ne manquerait pas de mettre à l'épreuve notre résilience. Dans leurs interventions respectives, Emmanuel Macron et Sébastien Lecornu ont affirmé, sans la moindre ambiguïté, et en cohérence avec leur analyse des menaces pesant sur la France et l'Europe, la priorité donnée à la dissuasion nucléaire d'une part, et à la cyberdéfense d'autre part, sans négliger le renseignement dont le conflit ukrainien a pu révéler les insuffisances.

Sauf à considérer que la dissuasion suffit à elle seule à garantir la sécurité de la nation, ces choix devront nécessairement conduire l'exécutif à préciser, au moment de la présentation du détail de la loi de programmation militaire, les modalités du rehaussement du niveau des équipements dont certains, comme les drones tactiques, font cruellement défaut. Il est par ailleurs communément admis que, sans la reconstitution des stocks de matériels – notamment des munitions non complexes – et la poursuite des efforts de modernisation des infrastructures et des conditions du maintien en condition opérationnelle des matériels, la résilience de nos armées pourrait être dangereusement compromise.

On ne peut non plus déconnecter les arbitrages rendus par le chef de l'État du contexte européen et international dans lequel ils s'inscrivent. La guerre en Ukraine a montré que l'OTAN – loin d'être en état de mort cérébrale – constituait, pour une grande partie des nations européennes, le seul instrument crédible de leur sécurité et qu'il n'y avait sans doute pas d'autres choix que de bâtir en son sein le pilier européen de sécurité et de défense. Si la France devait proposer seule, dans le déni de cette réalité, que l'Europe de la défense se bâtisse en dehors de ce cadre – *a fortiori* en opposition à lui –, l'Allemagne, forte de sa relation privilégiée avec les États-Unis, les pays baltes et ses alliés du triangle de Weimar, s'érigerait définitivement en correspondant unique de l'OTAN et des Américains en Europe. Le risque serait alors grand que le confortement de la base industrielle et technologique de défense s'opère essentiellement au bénéfice de l'industrie allemande, dans le cadre d'une relation euroatlantique demeurant très asymétrique et privant durablement l'Europe de toute ambition d'autonomie stratégique.

Enfin, promettre pour les sept ans qui viennent la hausse d'un tiers – cent milliards d'euros – du budget des armées au nom de l'indispensable souveraineté ne saurait se faire sans considération pour ses autres indissociables dimensions. La puissance diplomatique et militaire d'une nation n'est pas séparable de sa pesée technologique, énergétique et industrielle. Or, l'effort de R&D de la France est insuffisant face à l'accélération de l'innovation : 2,2 % du PIB quand nous devrions lui consacrer 3 %. L'industrie et ses filières d'excellence sont historiquement fragilisées, le commerce extérieur atteint un déficit record – près de 160 milliards d'euros –, tandis que la dette approche les 3 000 milliards d'euros.

Pas de protection sans production : on ne peut que regretter que cette réalité soit hélas trop souvent occultée par les oppositions, notamment par celle qui se revendique d'être la gauche et dont on serait légitime à attendre d'elle, sur ce sujet, comme sur d'autres, une parole crédible et forte.

Ce que modernité veut dire en politique

8 février 2023

De tous les penseurs de la démocratie et de sa dynamique propre, Alexis de Tocqueville fut sans doute le plus visionnaire. Dans ses ouvrages *De la démocratie en Amérique* et *L'Ancien Régime et la Révolution*, il annonce qu'en dépit du surcroît de liberté individuelle qu'elle propose et de l'aspiration profonde à l'égalité qu'elle revendique, la démocratie s'expose au risque de la tyrannie sitôt qu'elle dépouille de leurs prérogatives les corps et institutions intermédiaires. Il y eut donc chez celui qui fut député de la Manche sous la monarchie de Juillet et durant toute la IIe République la même conviction que celle qui avait conduit Montesquieu à considérer, dans *De l'esprit des lois*, qu'il faut toujours que « par la disposition des choses, le pouvoir arrête le pouvoir ». Cette sagesse était en apparence assez proche de celle de Karl Marx qui, actant l'égoïsme de la société civile, posait comme principe, dans *Sur la Question juive*, que l'État démocratique devait se limiter à garantir les droits individuels. Mais dans la vision de l'auteur du *Capital* et dans la perspective du matérialisme historique, l'État était surtout légitime s'il engageait un processus de centralisation, destiné à émanciper l'individu de toutes les formes d'aliénation, résultant de la relation asymétrique du capital au travail, dans la sphère économique. De ces constats conjoints aux conclusions distinctes naquirent des courants de pensée qui, par-delà leurs affrontements, contribuèrent à façonner un paysage politique stable, bien que chargé de sens, et parfois de contresens. La mélancolie démocratique, pressentie par Tocqueville, finissait par soulever la question de l'épuisement d'un modèle dont l'avènement, partout dans le monde, était censé consacrer la fin de l'histoire, alors que la remise en cause des droits humains fondamentaux, par l'excès de centralisation des régimes d'inspiration marxiste-léniniste, ruinait le rêve d'une société enfin libérée de toutes les formes d'oppression.

La relecture de ces auteurs, à l'aune des événements les plus contemporains, pourrait utilement inspirer la réflexion des gouvernants et de leurs opposants. La résolution des maux qui minent la société française s'en trouverait alors grandement facilitée. Dans le temps long de son histoire, notre pays s'est souvent montré prompt à brandir des idéologies et des dogmes pour légitimer des postures dans les crises. Celles auxquelles nous sommes confrontés – sociale, morale et politique – témoignent encore de l'impossibilité pour la France de se réformer autrement que dans « la fièvre hexagonale » dont l'historien Michel Winock, dans un ouvrage lumineux, *Gouverner la France*, a décrit les ressorts et les impasses. Les libéraux tocquevilliens, qui n'ont retenu de la pensée du philosophe normand que son goût prononcé pour la liberté, auraient grand tort d'occulter plus longtemps la place que lui-même reconnaissait aux institutions intermédiaires et à l'équilibre des pouvoirs. C'est que la verticalité – autrement dit la volonté unilatérale de ceux qui décident et gouvernent – n'est pas compatible avec la réforme, si toutefois on aspire à ce que les transformations les plus urgentes se traduisent par des compromis de nature à engranger des conquêtes et des progrès. Il est de ce point de vue intéressant de constater que c'est le syndicat le plus réformiste et le plus enclin au dialogue – la CFDT – qui se trouve aujourd'hui à l'épicentre du grand combat syndical contre le projet de loi sur les retraites, dans une unité avec tous les autres qui n'est pas de façade. C'est avec lui que le gouvernement, dont la réforme est le credo, a échoué à construire le compromis, alors même qu'il était le plus disponible pour œuvrer par une discussion sincère et loyale. Il y a donc urgence à refonder la démocratie sociale autour d'un agenda ambitieux, reconnaissant les organisations syndicales dans leurs prérogatives, soucieux du nécessaire apaisement d'une société désormais au bord de l'implosion.

Ce chantier ne saurait être conduit par un pouvoir qui, depuis 2017, a méthodiquement dénoncé les corps intermédiaires – syndicats, organisations professionnelles, associations, partis – et tenté de les affaiblir. Comment expliquer sinon que deux manifestations massives, populaires et pacifiques, à l'initiative d'organisations de salariés responsables, ne suscitent de sa part nulle considération, nulle écoute ? Quant aux forces politiques qui soutiennent légitimement la mobilisation contre l'injuste réforme des retraites, il leur appartient de donner à la justice sociale une perspective, en se gardant de tout promettre au motif que le climat social permettrait d'en escompter un bénéfice électoral à court terme. En politique, le moment vient toujours assez tôt où il faut rendre des comptes, et l'illusion vite dissipée conduit ceux qui l'ont entretenue à décevoir, s'ils ont pris une fois de plus le risque de ruiner la confiance, par des postures avantageuses et sans lendemain. La modernité politique ne se niche pas dans les positions que l'on affiche avec pour seule préoccupation de n'être pas sifflés dans les manifestations ou d'augmenter les *likes* sur son compte Twitter, mais dans le courage de dire la vérité face aux difficultés de la nation, au risque de déplaire ou de ne pas être immédiatement compris. C'est cette exigence qui fait la différence entre un parti de gouvernement et les forces qui organisent, à chaque instant, la confrontation sans souci des solutions. Pour avoir cédé à ces facilités, le parti du progrès a souvent été disqualifié. Si l'on croit que tyrannie et basculement du pays vers le pire sont possibles, c'est dans la recherche inlassable de la crédibilité et en puisant à la source de l'éthique de la responsabilité qu'il faut chercher le nécessaire sursaut. Ainsi sert-on ses idées en même temps que son pays.

Pour tenir, la relation franco-allemande a besoin de projets

22 février 2023

La France et l'Allemagne viennent de célébrer le soixantième anniversaire du traité de l'Élysée. Pour les Européens, que la guerre et le nazisme avaient meurtris, l'engagement de Konrad Adenauer et du général de Gaulle unissait dans une même ambition de concorde et de paix des pays qui s'étaient longtemps combattus. Par un acte courageux et visionnaire à la fois, deux personnages historiques tournaient la page de plusieurs siècles d'hostilité et de conflits et décidaient de projeter leurs nations vers un futur commun.

Le mariage ainsi conclu n'était donc pas que de raison. Il portait en lui la promesse de la paix et invitait à poursuivre la construction européenne en la dotant de fondations ambitieuses et solides. L'idée simple s'imposait peu à peu que le couple franco-allemand ne pouvait pas être exclusif et qu'il devait au contraire emporter avec lui toutes les nations européennes ayant décidé d'unir leurs destins.

Certes, cette entente nécessaire, au cœur de l'Europe, ne fut jamais un long fleuve tranquille, et plusieurs crises douloureuses vinrent en perturber le cours, au point de conduire certains observateurs à prophétiser les pires turbulences, au moment notamment de la réunification allemande, des négociations engagées en vue de l'adoption du traité de Nice, en 2000, ou de la crise de la zone euro, entre 2010 et 2015. Aujourd'hui, la France et l'Allemagne traversent une nouvelle épreuve, dont les manifestations nous semblent plus préoccupantes qu'à l'accoutumée, et qui trouve sans doute son origine dans le lent décrochage de la France par rapport à l'Allemagne depuis près vingt ans.

En effet, l'Allemagne, homme malade de l'Europe au début des années 2000, s'est transformée en un géant : son économie représente désormais un tiers de celle de la zone euro et son PIB près de 5 % du PIB mondial. La France, qui était en 2000 le premier partenaire commercial de l'Allemagne, ne représente plus que 8 % des exportations de son partenaire d'outre-Rhin, la plaçant derrière les États-Unis et la Chine. Les modèles économiques des deux principaux pays de l'Union européenne ont incontestablement divergé, qu'il s'agisse de l'industrie, de l'énergie ou des services, de la balance commerciale ou de l'évolution des comptes publics.

Par ailleurs, depuis vingt ans, la prospérité allemande s'est construite sur trois piliers, qui ont pu donner le sentiment d'une déconnexion progressive et assumée de son modèle, et de celui de l'Union européenne.

Tout d'abord, sur le plan énergétique, contrainte par sa décision unilatérale de sortir brutalement du nucléaire, l'Allemagne s'est placée dans la dépendance au gaz russe. Les conséquences diplomatiques d'un tel choix, ses effets en matière de souveraineté n'ont été mesurés que tardivement.

Ensuite, par son atlantisme historique, dont la profondeur a été systématiquement minorée par la France, l'Allemagne a pu parfois donner le sentiment qu'elle trouvait son intérêt à voir l'Europe sous-traiter sa sécurité aux États-Unis, et accessoirement à la France et au Royaume-Uni, lorsqu'il s'agissait de projeter des soldats à l'extérieur des frontières l'Europe, pour assurer la sécurité à terme du continent.

Enfin, la compétitivité de son industrie a permis à l'Allemagne de soutenir un modèle de croissance extraverti, fondé sur les exportations vers les États-Unis et la Chine, au détriment parfois de la nécessaire protection de l'industrie européenne.

La crise qui affecte la relation franco-allemande est donc plus sévère qu'elle ne le fut jadis, comme en témoigne l'extrême fadeur de la déclaration finale du soixantième anniversaire du traité de l'Élysée, qui ne porte aucune vision ni aucun projet commun. La plupart de nos sujets d'intérêt commun se trouvent désormais frappés d'incertitudes : nos relations en matière de défense, encore marquées par le triste feuilleton du système de combat aérien du futur (Scaf) et nos divergences sur la conception que nous pouvons avoir de l'OTAN et de son rôle pour la sécurité en Europe ; les perspectives énergétiques, résultant du grand clivage nucléaire ; la vision même que nous pouvons avoir de l'Europe, comme le révèle le contraste entre les grandes ambitions portées par le discours de la Sorbonne du président Macron et l'extrême prudence du discours de Prague du chancelier Scholz, auquel la France, par ailleurs, était absente.

Enfin, dans le domaine des politiques étrangères et commerciales, le cavalier seul d'Olaf Scholz en Chine a illustré la posture d'une Allemagne sûre d'elle-même et défendant sans état d'âme ses seuls intérêts. Dès lors, il ne faut guère s'étonner qu'au cœur même des sociétés civiles domine le sentiment d'une relation à la peine, dont les principaux acteurs ont vu leur volonté d'agir ensemble peu à peu s'émousser.

Nous aurions donc grand tort de ne pas prendre la mesure de ce qui se joue entre la France et l'Allemagne et de ne pas en mesurer les conséquences sur l'avenir du continent tout entier, au moment où de grands bouleversements le soumettent de nouveau à l'épreuve de la guerre, mais aussi à un triple choc énergétique (la fin du gaz russe), géopolitique (la prise de conscience qu'il faut réinvestir d'urgence dans la défense) et économique (le retour de l'inflation et des périls industriels). L'Allemagne doit donc réinventer son modèle à l'heure où l'Europe peine à réaffirmer le sien.

Ce modèle, nous n'avons pas d'autre choix que de l'imaginer avec elle, en portant quelques projets communs, autour de l'énergie et de la filière hydrogène notamment, dont le développement suppose des investissements industriels massifs pour construire des électrolyseurs, des infrastructures de réseau et porter des innovations ou des consolidations industrielles. L'accès à l'espace constitue un second défi, sans doute plus délicat, mais qui est plus que jamais au cœur de notre histoire bilatérale et des enjeux de souveraineté européenne pour l'avenir. Le temps est sans doute venu de dépasser nos querelles sur Ariane et de reconnaître qu'il ne pourra y avoir d'accès autonome à l'espace pour l'Europe que si nous coopérons pour la réussite d'Ariane 6, en relation étroite avec l'Italie.

La relation franco-allemande n'a plus besoin d'envolées lyriques. Elle ne se construira qu'autour de projets concrets, d'intérêt européen. Car ce sont toujours les projets qui permettent aux couples de tenir.

Immigration : le choix de la raison

8 mars 2023

La loi pour contrôler l'immigration et améliorer l'intégration sera prochainement débattue au Parlement. Elle s'inscrit dans cette longue liste de textes qui, depuis des années, ont conduit les gouvernements à adopter, avec une régularité de métronome, des dispositions destinées à maîtriser les flux migratoires sans faire la part des choses. Pour le ministre de l'Intérieur, chaque nouvelle loi porte témoignage de sa détermination à réussir là où tous ses prédécesseurs seraient censés avoir échoué. Tous les dix-huit mois donc, un nouveau texte vient rappeler à la fois la liste des principes et la somme des limites que les lois précédentes n'auraient pas eu le courage de poser pour protéger notre pays d'une pression migratoire, supposément intolérable. À ce jeu, où dominent les postures politiques, chacun dans l'espace du débat démocratique s'emploie à cultiver son jardin.

La principale préoccupation est alors de séduire sa propre clientèle électorale, sans beaucoup d'égards pour le sort d'êtres humains, réduits à servir d'alibi à des déclarations péremptoires ou à un train de mesures nouvelles, le plus souvent inopérantes. C'est que, sur les questions migratoires, la politique domine tout, de la tête et des épaules, non pas la grande, celle qui cherche sincèrement à purger les problèmes par le courage des solutions, mais la petite, qui aime à impressionner l'opinion par des démonstrations de virilisme ou d'indignation calculée.

De ce jeu, que j'avais longtemps observé, avant d'être chargé des sujets migratoires place Beauvau, j'avais déduit qu'il était préférable de se fixer des buts modestes, afin d'améliorer le sort des migrants, et de parler le moins possible de ce qu'il convenait de faire pour y parvenir, non par goût de la dissimulation, mais parce que beaucoup avait déjà été dit par le passé, qui n'avait jamais été mis en œuvre. La loi de juillet 2015, relative à la réforme du droit d'asile, avait donc pour ambition raisonnable de réduire la durée de traitement des dossiers de ceux qui prétendaient au statut de réfugiés, en la ramenant de vingt-quatre à neuf mois. Il s'agissait également de reconnaître de nouveaux droits aux plus vulnérables d'entre eux et de favoriser l'intégration de ceux qui ont le droit de bénéficier d'une protection.

L'idée que nous nous faisions de la dignité de la personne humaine et de l'inconditionnalité de l'accueil dû à ceux qui, par la somme des souffrances et des persécutions qu'ils avaient endurées, relevaient de notre protection nous avait par ailleurs conduits à procéder à l'évacuation de la « jungle de Calais ». Par cette décision, nous avions voulu marquer notre volonté de ne pas abandonner à leur sort ceux qui y avaient trouvé refuge, en leur offrant la possibilité d'un hébergement sûr dans cinq cent soixante-quinze centres d'accueil et d'orientation, répartis partout sur le territoire national et créés par l'État, avec le concours de centaines de mairies et d'associations humanitaires. L'éloignement des migrants de Calais était aussi la seule politique possible, dès lors qu'il s'agissait de les mettre à l'abri des réseaux de passeurs qui y prospéraient, de leur offrir les soins dont ils avaient besoin et de leur ouvrir l'accès au dispositif national d'asile, c'est-à-dire à terme à la régularisation, au logement et à l'emploi.

Chacun se souviendra de la passion des débats et des commentaires de presse qui accompagnèrent ce choix, l'extrême gauche venue au secours des No Borders n'hésitant pas à évoquer la « déportation des migrants à partir de Calais », comme si le calvaire de milliers de femmes et d'enfants dans la boue et le froid d'un camp de fortune pouvait être moralement préférable à leur prise en charge par la puissance publique, au titre du droit d'asile. D'autres, très à droite, poussaient les populations au rejet des réfugiés, en évoquant « la politique de dissémination de "mini-Calais" partout en France » rendue possible par le laxisme d'un État toujours prompt à encourager la venue sur son sol de populations par principe indésirables.

Alors que la chancelière allemande avait envoyé en 2016 le signal de la grande disponibilité de son pays pour l'accueil des réfugiés, la politique de la France apparaissait comme pusillanime et en deçà du discours que les peuples du monde avaient appris à aimer d'elle. C'était oublier l'obligation où nous étions, pour bien accueillir ceux qui devaient être accueillis, de créer des dizaines de milliers de places en centre d'accueil pour demandeurs d'asile, de permettre l'accès au logement de tous ceux qui bénéficieraient du statut de réfugié, y compris dans les zones en tension, et de rehausser les moyens humains et budgétaires de l'OFII et de l'OFPRA, très entamés par la révision générale des politiques publiques.

C'était aussi ne pas comprendre que beaucoup de ceux qui avaient décidé de se rendre en Allemagne, sans nécessairement y avoir formulé une demande d'asile, finiraient par échouer à Paris ou à Calais, déçus des conditions d'accueil qui leur avaient été réservées. Enfin, parmi ceux qui prétendaient que nous pouvions accueillir tous ceux qui devaient l'être, peu nombreux étaient ceux qui acceptaient d'assumer le retour dans leurs pays d'origine des migrants qui n'avaient pas vocation à demeurer sur le territoire français. Rares étaient en effet les consciences morales qui se trouvaient prêtes à admettre que, à vouloir accueillir inconditionnellement tout le monde, on se condamnait à terme à ne plus être en mesure de recevoir quiconque.

Face à un contexte qui demeure inchangé, en dépit des évolutions politiques survenues dans notre pays, il n'est guère d'autres chemins, si la France veut retrouver sa vocation de pays d'accueil, que de préférer la persévérance au coup d'éclat permanent et à l'opportunisme politique des effets d'annonce. Si la France veut demeurer une terre d'asile, elle doit hisser son dispositif national au meilleur standard, mais aussi reconduire plus facilement à la frontière tous ceux qui n'ont pas vocation à demeurer sur son sol. Elle ne pourra pas non plus encourager l'immigration économique sans être en mesure d'assurer la qualité d'une politique d'insertion et de formation professionnelle des étrangers, dont elle aura besoin du concours pour les métiers en tension. Enfin, l'Europe ne peut pas se considérer comme un marché intérieur, libéré de toute entrave, et ne pas encourager la convergence progressive des politiques d'asile et d'immigration. Sauf à considérer que la solidarité à laquelle chacun appelle lorsque les crises surviennent n'est qu'un vœu pieux, et le projet européen une éternelle démonstration d'impuissance.

Un président ne peut pas être réfractaire à son peuple

22 mars 2023

À peine le gouvernement avait-il annoncé sa décision d'engager sa responsabilité sur la réforme contestée des retraites, en utilisant l'article 49-3 de la Constitution, que la colère déferlait dans les rues de Paris et de nombreuses villes de France, ajoutant au sentiment déjà vif de l'injustice celui toujours humiliant du mépris. Les Français sont un peuple intelligent. Leur tempérament peut parfois faire dire à ceux qui les gouvernent que, en Gaulois, ils sont réfractaires au changement, et qu'il faut en passer par les poussées de fièvre hexagonale pour rendre enfin possible ce qui partout ailleurs irait de soi. C'est oublier que sur la réforme des retraites, dont le rejet populaire risque d'engendrer une grave crise de régime, le président et son gouvernement se sont montrés réfractaires à leur peuple, en campant sur des positions qui ne pouvaient que susciter défiance et colère.

Il y a d'abord, et depuis près de six ans, l'idée que verticalité et efficacité vont de pair, et que la concentration du pouvoir et de la volonté entre les mains du seul président de la République suffit à régler tous les problèmes d'un même tenant. D'arbitre sage, le chef de l'État est devenu l'acteur qui décide de tout, à chaque instant, et pour nous en convaincre, la geste présidentielle, jadis si économe de ses effets, a laissé place à une fébrile omniprésence médiatique, méthodiquement mise en scène. Cela vient certes de loin, notamment de la perte du temps long qu'autorisait le septennat. Mais le gouvernement se trouve désormais réduit à exécuter docilement des volontés changeantes, au gré de situations mal évaluées. Ce qui ne marche pas lui est systématiquement imputé – bien qu'on ait nommé ses membres qui se trouvent, pour la plupart, ravalés au rang de collaborateurs dociles et régulièrement morigénés : il est loin le temps des ministres qu'un long parcours local, au plus près des Français, avait préparés à la lourde charge d'exercer le pouvoir et à la nécessaire mesure.

Comme les partis et les syndicats sont perçus comme autant d'obstacles à l'efficacité du système, dont le technocratisme est la seule doctrine, et qu'aucun corps intermédiaire ne doit pouvoir prétendre en perturber la marche, on s'est réjoui de l'effondrement des premiers, lorsqu'on n'y a pas volontairement contribué, en même temps qu'on faisait tout pour affaiblir les seconds, surtout s'ils étaient réformistes. Voilà comment « La République en marche » a abouti à la République qui ne marche plus du tout. Sans partis solidement établis, aspirant à gouverner le pays et acceptant de se confronter à la réalité du monde tel qu'il est – ce qui demeure encore la meilleure manière de parvenir à changer radicalement le cours des choses –, le Parlement n'est plus qu'un théâtre d'ombres, où les postures outrancières et outrageantes donnent aux Français une image dégradée de leur représentation. À ce jeu funeste, seule la défiance sort gagnante, et avec elle, le Rassemblement national, dont la nature n'a guère changé, mais qui parvient, dans le désordre ainsi instauré, à s'ériger en îlot de respectabilité : joli bilan et beau travail. Quant aux organisations syndicales, dont on ne soulignera jamais assez l'esprit de responsabilité qui a présidé à leur mobilisation, elles auront vécu douloureusement un débat parlementaire escamoté. L'examen des articles de la loi sur les retraites aura été rendu impossible par la stratégie irresponsable d'obstruction menée par une partie de l'opposition, et du fait du recours imposé, par le gouvernement, aux articles 47-1 et 44-2 de la Constitution, avant que la convocation, dans la plus grande confusion de l'article 49-3, ne vienne clore la séquence. Le pays est désormais seul face à sa colère et à son désarroi. Depuis plusieurs jours, l'inquiétude domine, alors que la plupart des Français aspirent à la justice et vivent dans la crainte légitime du désordre et de la violence dont ils savent qu'ils ne travaillent jamais pour eux et qui ne sauraient être confondus avec le mouvement social pacifique qui s'affirme depuis deux mois.

L'heure est donc venue d'un sursaut républicain, avec à l'esprit la seule préoccupation de l'intérêt supérieur de la nation, du pacte qui l'unit et du devoir de maintenir en toute circonstance son indivisibilité. La démocratie sociale est inscrite dans le préambule de la Constitution de 1946. Sans respect de ses principes, il n'est pas de compromis possible qui puisse permettre d'engranger des progrès, consentis au prix d'efforts supplémentaires demandés à ceux qui peuvent y consentir. Il ne sert à rien de créer le Conseil national de la refondation s'il s'agit, dans la foulée, de mettre à mal la volonté qui inspira le Conseil national de la Résistance. On aurait pu préférer un bon accord avec les syndicats réformistes à des concessions contradictoires faites à une droite conservatrice, versatile et éclatée. De ce point de vue, le passage au vote de la loi – outre qu'il aurait témoigné d'un certain panache et du respect dans lequel le gouvernement tient la représentation nationale – aurait pu ouvrir, quelle qu'eût été l'issue du scrutin, une phase nouvelle d'apaisement. En politique, l'échec qui se profile est moins cuisant lorsque le pays est préservé du risque de fractures supplémentaires. Sa mise sous tension reviendrait à payer cher des considérations d'amour propre.

On ne sortira pas de la crise grave, désormais ouverte, par des combinaisons qui reviendraient à instaurer dans les institutions de la Ve République l'esprit funeste de la IVe. L'appel à l'unité a déjà été lancé, en avril dernier, lorsqu'il s'est agi d'empêcher la victoire de Marine Le Pen. Le contexte politique qui en a résulté aurait dû conduire à une manière reconsidérée de gouverner et à des équilibres politiques et parlementaires différents. Il n'en a rien été. La confiance ne peut résulter que du retour au peuple, par le référendum d'initiative partagée, et de l'ouverture d'une nouvelle étape politique, consistant à mettre de l'horizontalité partout où la verticalité a montré ses limites.

Sortir enfin de l'impasse politique

5 avril 2023

Alors que, dans un pays fracturé et sous tension, le mouvement social se poursuit contre la réforme des retraites, la stratégie du pouvoir est manifestement celle du pourrissement.

Le tacticisme y faisant office de boussole, on doit gager, en haut lieu, que les images de violence, diffusées en continu sur les chaînes d'information, finiront par exaspérer les Français, épris de justice, et que le retour à l'ordre deviendra alors leur seule aspiration. C'est oublier que le désordre a une cause, et qu'il est probable que ceux qui ont pour partie contribué à l'instaurer, en imposant au pays une réforme malmenante et mal menée, ne seront pas considérés par les Français comme les tenants légitimes d'un ordre qui leur garantirait la justice. Il faut de surcroît se méfier des effets escomptés des calculs politiques de court terme. Ils finissent toujours par donner à l'extrême droite l'opportunité de se présenter comme le seul parti de l'ordre, après que l'irresponsabilité de plus en plus largement partagée lui aura permis de se dédiaboliser à bon compte.

Une autre réalité s'impose, elle aussi préoccupante, celle de la relation complaisante que certains pans de la société entretiennent désormais avec l'extrémisme. À cet égard, les images de Sainte-Soline ont elles aussi révélé un temps où, la violence devenue ordinaire, le rejet des principes de l'état de droit et la haine de la police s'assument comme des convictions politiques ordinaires. Dans un tel contexte, l'usage proportionné de la force devrait toujours guider l'État lorsqu'il s'emploie à contenir la violence, sauf à vouloir prendre le risque de tomber délibérément dans le piège que lui tendent ceux qui exècrent jusqu'à son principe. Que le Parlement contrôle l'action du gouvernement en ces matières où la polémique fait rage serait utile pour que le nécessaire débat parvienne enfin à s'instaurer sur des bases rationnelles, et que nul ne puisse attiser le feu qui couve, avec pour seule préoccupation d'en tirer un bénéfice pour lui-même. À l'origine des excès que les Français subissent douloureusement, on trouve l'intention à peine dissimulée d'instiller partout les ferments de la confrontation, en dressant contre les institutions, et ceux qui les incarnent, le plus grand nombre : cynisme une fois encore de ceux qui font passer les démocrates pour des oppresseurs, et les dictateurs, qui tirent à balles réelles sur leurs peuples, à l'instar de Nicolás Maduro, pour des libérateurs.

Ce paysage dévasté, celui de la politique et des institutions abaissées, suffirait à nourrir l'inquiétude de nos concitoyens. Il dessine hélas bien davantage : une impasse démocratique majeure qui acculera les Français, si rien ne se passe – et sans mauvaise conscience –, à la pire des solutions : celle du choix de la droite extrême et de l'extrême droite. Si l'on considère toujours que là où il y a un chemin demeure une espérance, il faut affirmer sans tarder les quelques pistes d'un renouveau démocratique, et ne plus distraire aucune énergie qui pourrait contribuer à les rendre crédibles.

Il est d'abord urgent de guérir notre système politique de l'illusion qu'il suffirait de concepts forgés par des communicants sans conviction pour convaincre le peuple qu'une politique sans projet serait pertinente et que les lieux de pouvoir demeurent des lieux de puissance. La verticalité n'est pas l'efficacité, et l'autorité de l'État ne sera pas restaurée aussi longtemps que les conditions de la confiance ne le seront pas aussi. Il y faudra du temps, car le nécessaire dialogue n'ira pas sans la reconstitution de corps intermédiaires puissants – syndicats et partis politiques – avec lesquels bâtir des coalitions pour redresser le pays et des compromis pour gouverner. À défaut de ce sursaut, on continuera à antagoniser tous ceux qui vivent dans le sentiment du mépris et de la relégation. Si l'on veut notamment éviter que la radicalité, qui s'est emparée d'une partie de la jeunesse, ne se transforme en extrémisme, il n'y aura pas d'autres choix que de donner un débouché politique à la volonté légitime des générations nouvelles de pouvoir continuer à vivre sur la planète, en préservant ses biens communs. Il faudra pour cela répartir plus équitablement les ressources, après des décennies de productivisme, qui ont réduit l'espérance d'une vie meilleure à l'accroissement de richesses matérielles, au prix d'inégalités sociales en hausse continue et de ressources naturelles en constante réduction. Certes, les élections doivent demeurer l'instrument privilégié de la définition par le peuple de ses choix souverains, mais entre les moments où le suffrage oriente la politique de la nation, il faudra inventer de nouvelles formes de concertation pour que les grands projets d'infrastructures puissent faire l'objet d'un dialogue approfondi, qui les rendent acceptables et supportables pour les générations nouvelles. À défaut d'une telle méthode, le ministère de l'Intérieur deviendra injustement celui de toutes les crises et l'objet de tous les ressentiments, au grand détriment de l'État et de l'affirmation de son indispensable autorité.

Ces préoccupations simples, et qui ne sont que de bon sens, apparaîtront sans doute désuètes aux tenants d'une modernité frelatée, qui aspirent à voir la disruption et la colère entretenues se confondre avec le génie. Elles sont pourtant seules de nature à permettre le retour de la nécessaire sagesse : celle que le peuple français – intelligent et ardent à la fois – chérit, comme il chérit la concorde. Pour les républicains les plus convaincus, l'unité et l'indivisibilité de la République ne se conçoivent pas sans la justice, et tous les chemins pour y parvenir doivent être empruntés, puisque tel est notre premier devoir.

Réforme des retraites : sagesse n'est pas faiblesse

19 avril 2023

Dans le climat de tension qui domine en France, depuis que la réforme des retraites a été engagée, une confusion de plus en plus grande s'instaure sur la nature des erreurs que le gouvernement aurait pu commettre. Les commentateurs les plus critiques s'interrogent notamment sur les conséquences de certains choix ou comportements de l'exécutif, sur le fonctionnement régulier de nos institutions et le respect des principes démocratiques fondamentaux.

De son côté, le gouvernement s'estime légitime à considérer que n'ayant rien fait qui ait été contraire à la Constitution, ou aux règlements des assemblées parlementaires, et n'ayant outrepassé aucune de ses prérogatives, nul procès ne saurait être instruit contre lui. La loi portant réforme des retraites n'a-t-elle pas été annoncée pendant la campagne présidentielle et le président Macron n'a-t-il pas été réélu afin d'honorer les engagements pris ? martèlent les ministres pour lesquels tous les moyens constitutionnels et légaux pouvaient être activés.

Il n'y aurait là rien de plus démocratique et toute contestation – forcément par posture – viendrait de la cohorte des irresponsables, qui veulent renverser le régime, et avec lui l'ordre républicain. C'est oublier que la dernière élection présidentielle s'est faite moins sur un programme auquel les Français ont adhéré que sur leur volonté d'éviter à tout prix l'arrivée à l'Élysée de Marine Le Pen et de son parti.

Dans l'opposition, les discours diffèrent et contrastent. Sans trop en faire, le Rassemblement national s'engage à revenir sur la loi votée, s'il accède un jour au pouvoir, en utilisant tous les ressorts de la Ve République, ceux-là mêmes que l'actuel chef de l'État a mobilisés pour accomplir son projet. L'alternance, dit à son tour l'extrême droite aux Français, leur garantira le changement auquel ils aspirent, sans les exposer au risque du désordre qu'ils redoutent. Mais il faudrait pour cela qu'ils portent Marine Le Pen au pouvoir en 2027. Or, cette perspective n'est hélas pas impossible, tant l'irresponsabilité généralisée concourt à créer, autour du RN, un écosystème qui lui soit favorable.

Une partie de la gauche, qui s'autoproclame comme la seule authentique et qui est désormais docilement organisée autour de LFI, développe pour sa part un tout autre discours. Le pays serait depuis longtemps privé d'oxygène démocratique. Et la réforme des retraites n'aurait pu être promulguée qu'à la faveur d'un coup de force, où toutes les institutions de la République – au premier rang desquelles le Conseil constitutionnel – se seraient compromises. L'époque verrait réapparaître ces vieux relents de forfaiture qui auraient surgi lors du retour au pouvoir du général de Gaulle, en 1958, dans un contexte où le risque d'un coup d'État militaire menaçait le pays des plus grands dangers.

Il faudrait donc dénoncer ces institutions autoritaires, qui souffrent d'une malfaçon originelle, et entretenir la flamme d'une VIe République rédemptrice, qui adviendra sitôt que les travaux d'une Constituante et l'élan révolutionnaire l'auront rendue possible. Chacun aura eu le temps de constater, d'ici là, que le parti qui porte la promesse de grand soir est le plus vertical et verrouillé de l'espace démocratique. Avec des dirigeants et des candidats qui ne sont jamais désignés par un suffrage militant, il pourra continuer à fustiger les institutions, leurs origines autant que leur architecture, leur lettre comme leur esprit.

Dans ce tumulte, où chacun monte en décibels, les Français perdent leur latin, mais aussi – et c'est plus grave – la nécessaire confiance dans les institutions de leur pays, sans laquelle il n'est pas de démocratie possible. En plongeant une torche dans les ténèbres d'une époque où tous les repères se brouillent et où toutes les digues sautent, la sagesse républicaine commande de dégager un chemin, en vue d'une sortie rapide de la crise qui mine depuis plusieurs mois notre pays.

Au gouvernement et au président de la République, il faut sans doute rappeler quelques principes de bon sens, tant ils semblent les avoir oubliés. S'ils les inspiraient, ils pourraient de nouveau permettre l'apaisement d'une France depuis trop longtemps sous tension. Si la démocratie n'est pas remise en cause, aussi longtemps que tiennent la dévolution démocratique du pouvoir par le suffrage universel, le respect des principes de l'État de droit et la séparation des pouvoirs, on ne saurait cependant réduire la profonde aspiration démocratique d'un peuple à prendre une part plus grande aux décisions qui le concernent, au seul respect de quelques principes juridiques et formels.

Dans *La vérité guidait leurs pas*, Pierre Mendès France avait presque tout écrit de ce qui doit aujourd'hui être entendu : « La démocratie, c'est beaucoup plus que la pratique des élections et le gouvernement de la majorité : c'est un type de mœurs, de vertu, de scrupule, de sens civique, de respect de l'adversaire ; c'est un code moral. Elle reconnaît à l'opposition comme aux minorités le droit de remettre les options passées en question, pour qu'à tout moment le pays puisse juger, jusqu'à se déjuger. Les partis et les équipes au pouvoir acceptent ainsi d'être désavoués un jour. »

Penser que la démocratie est plus forte lorsqu'elle permet d'imposer au plus grand nombre des décisions incomprises et perçues comme injustes, relève d'une dangereuse illusion : celle que se plaît à entretenir un pouvoir trop concentré et recroquevillé sur lui-même, sans doute pour se consoler du sentiment qu'il éprouve parfois de sa propre impuissance. Combien de temps précieux le pays gagnerait-il si seulement le pouvoir faisait sienne – ne serait-ce qu'un instant – l'idée que la sagesse n'est en rien une faiblesse et que c'est à sa source que les gouvernants feraient bien de puiser leur inspiration ?

Quant aux plus radicalisés des opposants, qui se plaisent à décrire le président Macron en dictateur et son élection en *pronunciamiento*, quand Nicolás Maduro, qui tire à balles réelles sur son peuple, est présenté par les mêmes comme un libérateur et son régime comme une nouvelle Utopia, ils ne perdraient pas non plus leur temps en réglant mieux le potentiomètre de leurs outrances en vue de ne pas alimenter, par leur goût immodéré de l'excès et de l'injure, le seul vote qu'il nous faut désormais redouter, celui qui se porte en nombre croissant sur le Rassemblement national. Bien sûr, il faudrait pour cela moins de cynisme et plus de sens de l'intérêt du pays. C'est à ce devoir-là, celui de l'éthique de la responsabilité, qu'il nous faut dorénavant consacrer toutes nos forces, si nous voulons éviter que le pire n'advienne.

L'intelligence artificielle ne peut rien contre la volonté humaine

3 mai 2023

Par le progrès technique, les sociétés industrielles ont longtemps cherché à augmenter la productivité du travail. Dans le temps long de l'histoire du capitalisme, la machine a donc progressivement pris le relais des individus pour produire. C'est ainsi que le taylorisme a imposé à l'ouvrier du siècle dernier les tâches répétitives dont Charlie Chaplin a immortalisé l'absurdité des cadences et des gestes.

Mais si l'innovation technologique a libéré l'humanité d'une relation au travail qui la privait de ses loisirs, elle n'est pas parvenue à extraire les travailleurs moins qualifiés de l'asservissement. Entre l'espoir que la technique parviendrait à épargner aux humains des efforts auxquels le travail les contraignait depuis toujours et la certitude que son développement continu obligerait à une concentration du capital entre les mains de quelques-uns avant tout préoccupés d'accroître leur emprise sur les « classes laborieuses », l'espérance d'un monde plus juste et moins productiviste peinait à se frayer un chemin.

Face à ce dilemme, aussi ancien que le capitalisme, l'irruption de l'intelligence artificielle (IA) dans l'économie revêt-elle la dimension tellurique que certains nous prédisent, ou n'est-elle que la prolongation d'un processus désormais structurel, au point de se confondre avec l'histoire elle-même, qui voit l'économie de marché ne pas avoir d'autre choix que celui de la course folle à la productivité par les machines, sans vraie considération pour l'épanouissement par le travail ?

Autrement dit, parviendra-t-on à donner du sens aux grands projets politiques auxquels les démocraties aspirent pour se réenchanter, en sacralisant la reconnaissance de l'utilité sociale du travail, alors même que les progrès considérables engendrés par l'IA pourraient priver, à terme, le travail humain d'une partie de sa valeur, sans pour autant tarir les sources de la croissance et de la prospérité économique ? Pour tous ceux qui placent la justice sociale au cœur de leurs préoccupations et qui considèrent qu'il n'y a pas de redistribution possible sans production, ce sujet ne peut pas être l'angle mort d'un projet politique bâti pour les générations futures.

Le premier défi, et qui n'est pas le moindre, soulève des questions éthiques et philosophiques. Depuis plus de vingt ans, l'IA a asséché la définition que les chercheurs américains Marvin Minsky et John McCarthy avaient donnée d'elle, au milieu des années cinquante et qui la limitait « à la capacité pour une machine, d'accomplir des tâches jusqu'alors assumées par les humains ». Aujourd'hui, sa dynamique propre laisse les institutions publiques désarmées, lorsqu'il s'agit d'encadrer, par la taxonomie, des systèmes dont les performances évoluent rapidement et de façon spectaculaire. Le surgissement de ChatGPT, à l'initiative de l'entreprise technologique américaine OpenAI, témoigne d'un progrès décisif.

Ce saut technologique fait naître à nouveau la peur d'un monde où la machine parviendrait à augmenter par elle-même sa propre intelligence et à l'autonomiser de celle des humains, en allant potentiellement jusqu'à les asservir aux algorithmes devenus incontrôlables des robots. Dans un ouvrage important, *L'Obsolescence de l'homme*, le philosophe allemand Günther Anders alertait en 1956 sur le risque de « décalage prométhéen » : que dirait-il aujourd'hui des chatbots conçus dans la Silicon Valley ? Car les combinaisons cognitives des supercalculateurs sont sans commune mesure avec celle des cerveaux humains les plus développés.

C'est ici sans compter la masse des données que les ordinateurs pourront retraiter en permanence, dont certaines concerneront notre vie privée, notre intimité, nos choix de consommation et nos déplacements, sans qu'il soit possible d'imposer aux multinationales qui les détiendront les mêmes contrôles efficaces que ceux que nous exigeons de l'État, lorsque cédant à nos travers, nous le soupçonnons des pires turpitudes.

Le risque est donc faible de voir la société renoncer à terme aux avantages apportés par l'IA sous prétexte que le risque éthique qu'elle présente aurait un coût bien supérieur au bénéfice qu'on pourrait escompter d'elle. En effet, dans son histoire, l'humanité ne s'est jamais résolue à renoncer à un progrès technologique, susceptible de bénéficier à la médecine, aux conditions de vie des plus vulnérables ou à la croissance de pans entiers de l'économie, au motif qu'elle pourrait ne pas en maîtriser toutes les conséquences. Il est donc souhaitable qu'à l'instar de ce qui prévaut en matière de bioéthique, l'Union européenne, et par-delà les grandes organisations multilatérales, se mobilise enfin pour déterminer le cadre normatif d'un développement durable de l'IA et de ses applications pratiques.

Le second défi est celui de l'emploi et des ressources dont pourront bénéficier ceux que la robotisation aura, à terme, privés de leurs revenus. Une fois encore, les emplois les plus impactés concerneront certaines professions moyennement qualifiées, ou certains secteurs très spécifiques à l'instar de ceux du chiffre ou du droit. Les travaux les plus récents montrent également qu'une politique d'accompagnement massif du marché de l'emploi, afin de soutenir la génération la plus touchée par la révolution de l'intelligence artificielle, sera indispensable pour éviter que le chômage ne relègue socialement et territorialement les moins bien formés et ne fracture davantage encore nos sociétés, en y creusant les inégalités.

Mais chacun pressent bien que la machine peinera toujours à se substituer totalement à l'être humain. Il est aussi probable qu'elle échouera longtemps à reconstituer l'insondable alchimie de l'altérité, c'est-à-dire cette part de sensibilité qui singularise les relations humaines, la « part Rimbaud » dont parle Romain Gary dans *La nuit sera calme*. De là vient qu'il demeurera toujours une proportion prépondérante de travail humain dans l'organisation de la société qui suscite à la fois espoir, peur et fantasme.

Enfin, si l'IA porte simultanément en elle le risque de supprimer d'anciens emplois, mais aussi l'opportunité d'en créer de nouveaux, la question la plus essentielle sera celle des richesses engendrées par son développement et des modalités à terme de leur répartition. Il ne suffira pas, pour résoudre cette difficile équation, de préconiser une taxe sur les robots et l'instauration du revenu universel, l'articulation de ces deux mesures venant consacrer l'avènement d'une société sans travail. Les nouvelles richesses engendrées devront surtout accompagner la grande mutation écologique de l'économie, le développement des activités écoresponsables et l'avènement d'une croissance sobre et sûre, venant se substituer au productivisme d'antan.

C'est là le seul chemin pour éviter que le projet transhumaniste ne se traduise, lui aussi, par la destruction progressive de la vie sur la planète. Il n'y a, dans ces matières, aucune fatalité. Car l'intelligence artificielle, en dépit de ses performances cognitives, ne peut rien contre la volonté de l'humanité.

Qu’est donc la France devenue ?

17 mai 2023

Trois événements sont survenus ces derniers jours, qui font apparaître la France, une fois levé le masque des renoncements et des lâchetés, comme une nation privée de ses repères et tournant le dos à l’universalisme, épris de liberté, que les peuples du monde avaient appris à aimer d’elle.

Un maire, Yannick Morez, annonce sa démission après des mois de menaces proférées à son endroit, jusqu’à l’incendie criminel de son domicile et de ses véhicules, au motif qu’il entendait accompagner la création, sur le territoire de la commune de Saint-Brevin-les-Pins, d’un centre d’accueil pour demandeurs d’asile. Non loin de là, sa collègue maire de Plougrescant, Anne-Françoise Piedallu, porte plainte contre X après avoir constaté que les freins de sa voiture ont été sectionnés par une pince.

Alors que les maires sont les représentants de la République à l’échelon de proximité par excellence, celui de la commune, qu’ils sont investis de leur mission à laquelle ils se dévouent, par le suffrage universel, les voilà cibles d’agressions qui mettent en risque leur mandat et en danger leur vie. À ces faits s’en ajoutent d’autres, hélas. Certains parlementaires, protégés par une immunité qui n'a d'autre vertu que de garantir leur liberté, sont désormais, eux aussi, physiquement menacés en raison de leurs convictions ou de leurs votes. On ne saurait non plus passer sous silence l'agression physique abjecte, par un groupe d'individus haineux, d'un membre de la famille de Brigitte Macron, au pied de son commerce situé à Amiens, au terme de l'intervention télévisée du chef de l'État.

Sans que cela suscite trop d'émotion, une sociologue, chercheuse au CNRS et auteure d'un ouvrage consacré au mouvement des Frères musulmans, Florence Bergeaud-Blackler, s'est vue contrainte d'ajourner la conférence qu'elle devait prononcer en Sorbonne, au motif que sa parole aurait pu susciter des réactions hostiles, alors même que l'université se doit de demeurer, en toute circonstance, le sanctuaire de la pensée libre. Or, en démocratie, on devrait pouvoir assumer avec fierté et à la face du monde la noblesse du débat contradictoire, s'indigner que des intellectuels puissent faire l'objet d'un tel regain d'intolérance, et ne pas accepter que Sylviane Agacinski ait été interdite de parole à Bordeaux en octobre 2019.

Le temps est donc venu de dire que de telles dérives, qui abîment la France, ne sont pas acceptables. Les citoyens doivent exiger de tous ceux qui portent une parole publique qu'ils n'aient pas l'indignation sélective. On ne peut accepter que quiconque ne pense pas comme soi puisse se voir contredit autrement que par la convocation des arguments et des idées, sauf à admettre qu'il soit possible de priver de parole ses contradicteurs par l'usage de l'intimidation ou de la violence.

Nul ne contestera qu'il puisse exister dans l'espace public des opinions qui nous déplaisent, et qui parfois même nous indignent. Lorsqu'elles s'apparentent à un délit, comme c'est le cas du défilé de groupuscules néo-fascistes aux visages masqués et aux bras tendus, l'état de droit doit s'appliquer, et la main ferme de la République n'a pas à trembler. Mais que restera-t-il de l'héritage des Lumières et des combats menés par les républicains les plus ardents si nous n'acceptons plus de combattre tous ceux dont la pensée nous ulcère sur le seul terrain qui vaille, celui au combien chaotique de l'intelligence et des idées ?

Nous devons ce sursaut à tous ceux qui sont tombés pour la liberté, en nous léguant en héritage l'amour de la tolérance, de l'altérité et de la concorde. Nous le devons aussi aux générations nouvelles si nous voulons que les professeurs continuent à leur transmettre les savoirs, les faits établis par la science, les leçons de l'histoire, et qu'ils puissent encore les éveiller au monde, à ses créations artistiques et littéraires, avec pour seul souci de former des citoyens capables de tracer leur chemin, grâce à leur libre arbitre. C'est là l'unique manière de célébrer la mémoire du professeur Samuel Paty, mais aussi la mission des enseignants qui chérissent l'école et l'université, comme la source à laquelle une société étanche sa soif de demeurer unie, en cultivant comme un jardin le désir du vivre-ensemble.

Au maire de Saint-Brevin-les-Pins, il nous faut prouver que son geste n'aura pas été vain, et que la charge à laquelle il renonce, après avoir trop enduré, devient désormais celle de la nation tout entière, déterminée à ne pas se laisser impressionner par des militants d'extrême droite, ivres de haine, et qui déversent dans les rues de nos villes des slogans d'une époque qu'on aimerait ne pas voir revenir. S'il était besoin d'apporter la démonstration que la xénophobie et la violence demeurent bien la nature profonde de ceux qui ont exprimé leur détermination à voir notre pays renoncer à l'accueil des demandeurs d'asile, les exactions de Loire-Atlantique suffiraient à nous en convaincre.

Mais il y aussi, au cœur des villages, des bourgs et des métropoles de France, suffisamment de citoyens attachés aux valeurs de la Révolution française, à la Déclaration des droits de l'homme et du citoyen, à l'humanisme, pour que la tradition d'hospitalité à l'égard de ceux que les persécutions et la privation de leurs droits fondamentaux ont jetés sur les chemins de l'exode leur permette encore de trouver sur notre sol la protection que nous leur devons.

Sans cette générosité, les maires de notre pays ne seraient pas parvenus, en 2016, à accompagner courageusement l'État dans l'ouverture de cinq cents centres d'accueil et d'orientation, ayant permis à des dizaines de milliers de personnes en besoin de protection d'entrer dans le dispositif national d'asile. Dans ces instants singuliers, où la crise migratoire mettait l'Union européenne en devoir d'organiser entre ses membres la solidarité et l'entraide, le même cynisme et les mêmes postures prévisibles étaient déjà à l'œuvre en France.

Dans les deux cas, la préoccupation des êtres humains était secondaire, puisque seul importait le bénéfice politique escompté de l'instrumentalisation sans vergogne de leur sort. L'universalisme est un trésor fragile, que l'on aurait tort de malmener plus longtemps sans prendre le risque d'abîmer la nation qui en fit don au monde. Les réactionnaires haineux et les insurgés chroniques pourraient utilement s'en souvenir. Les premiers, parce que le jugement de l'histoire ne les a jamais épargnés, après qu'ils ont dévoilé leur vraie nature. Les seconds parce que chacun sait que la Terreur, qui préconisait que l'on condamnât quiconque s'opposait à la Révolution, mais aussi tous ceux qui ne faisaient rien pour elle, n'a pas été le moment de notre vie nationale où le respect des droits humains a été le mieux garanti. Je le dis pour les thuriféraires de Robespierre, qui peuvent parvenir à éloigner la France de ses bases et dont il n'est pas certain qu'ils ne préfèreront pas, au moment des choix fondamentaux, les disciples de Charles Maurras aux républicains authentiques.

La République : oui. Pourquoi la décivilisation ?

31 mai 2023

L'état de la France, la violence qui monte et les divisions qui s'enkystent appellent un sursaut. Alors que l'unité et la recherche de solutions devraient prévaloir, comme souvent lorsque la succession des faits tragiques dessine un engrenage exposant la société à l'insécurité grandissante, l'instrumentalisation des drames vécus entretient les plus cyniques dans l'illusion d'un gain politique immédiat. On impute au laxisme du pouvoir en place toutes les dérives dont pâtit la nation. Les discours sont alors dominés non par le risque de voir définitivement compromise la concorde civile – c'est-à-dire la plus éminente des promesses républicaines –, mais par la volonté de préempter la souffrance des victimes, et, par-delà, capter le ressentiment des Français. L'humaine compassion n'est plus ce à quoi on appelle spontanément, car tout ce qui est humain et qui renvoie à l'altérité est aisément considéré comme la manifestation coupable d'une faiblesse de caractère. Si bien que l'intention d'en découdre avec les fauteurs de violence peut aller jusqu'à réhabiliter la vengeance ou la loi du talion. Si l'on ajoute à ce climat la tentation toujours délétère d'imputer à l'immigration toutes les difficultés d'une époque, la peur entretenue du grand remplacement finit par instaurer, au cœur de la nation, le poison lent de la guerre civile, puis du séparatisme.

On ne saurait non plus passer sous silence le discours véhément des insurgés par posture (politique) et des naïfs par structure (idéologique), qui considèrent que la préoccupation de la sécurité, parmi les gouvernants, sert d'alibi à la criminalisation des multiples formes de contestation. L'évocation constante de la violence ordinaire de la part des dirigeants actuels ne serait que l'alibi d'une stratégie destinée à mieux museler le corps social. Le pouvoir étant autoritaire par construction, il conviendrait d'en dénoncer la nature répressive, en présentant systématiquement la violence de certains manifestants comme la conséquence de la violation régulière de leurs droits par un État policier, indifférent à leurs aspirations légitimes. Il faut avoir porté cette représentation politique à son paroxysme pour affirmer que la police tue, autrement dit pour laisser penser que le mandat dont l'ont investie ceux qui la dirigent vise – c'est le mot – à porter atteinte à l'intégrité physique des citoyens qu'elle est censée protéger.

Il y a enfin le pouvoir en place qui n'est pas totalement dépourvu d'arrière-pensées lorsqu'il évoque les questions de sécurité, mais dont on aurait tort de croire qu'il n'est mû que par elles. Ayant exercé les responsabilités de ministre de l'Intérieur pendant les heures sombres où notre pays fut frappé par des attentats terroristes, j'ai pu mesurer l'injustice de certaines polémiques déclenchées contre ceux dont la première des missions, souvent au péril de leur vie, est d'assurer la protection des Français. Entre le procès en laxisme dont ils sont l'objet de la part de certains et celui en excès d'autoritarisme qui les expose à la vindicte de tous les autres, entre la naïveté qu'on leur prête parfois et un goût prononcé pour la répression dont on les soupçonne la plupart du temps, il est peu de place pour un jugement lucide et mesuré. Pourtant, c'est bien par ce seul moyen qu'il serait possible d'apprécier leur action à sa juste valeur. Pour des raisons qui tiennent à l'extrême difficulté d'apaiser le débat démocratique sur ces sujets si sensibles, si essentiels aussi, il est toujours hasardeux, pour ceux qui gouvernent, de s'aventurer à instrumentaliser à leur tour l'insécurité dont les populistes font en permanence leur miel. Il serait d'ailleurs illusoire d'espérer en tirer un quelconque bénéfice politique. D'abord, parce que les événements et les faits divers que le discours amalgame, pour les besoins du raisonnement ou l'efficacité de la démonstration, n'ont que peu de points en commun. La tragédie de Villeneuve-d'Ascq, qui a vu trois jeunes fonctionnaires de police perdre la vie dans un accident de la route provoqué par un chauffard sous l'emprise de l'alcool et de produits stupéfiants, ne relève pas du même engrenage que celui qui a abouti à l'assassinat d'une infirmière, dans un hôpital, par un déséquilibré suivi de longue date par les services spécialisés de santé mentale. De même, les agressions dont les élus sont de plus en plus souvent la cible ont des ressorts bien différents de ceux qui se trouvent à l'origine des faits divers les plus tragiques. Faire procéder l'ensemble de ces faits d'un mouvement de « décivilisation », dont la France serait la seule victime, sans même donner de ce concept une définition qui contribuerait à le rendre intelligible aux Français, surtout en demande d'efficacité et de justice, reviendrait à ouvrir de nouvelles polémiques sans avoir tracé la moindre perspective qui soit de nature à contribuer au sursaut républicain. S'agit-il désormais d'aider à la promotion de la pensée de Renaud Camus, dont l'inspiration réactionnaire ne fait guère de doute ? S'agit-il au contraire de convoquer celle de Norbert Elias, en la dénaturant, la décivilisation désignant dans sa pensée ce par quoi une génération montante se rebelle contre la précédente, discréditée et agrippée aux privilèges de positions depuis longtemps établies ? À moins que le pouvoir en place ne soit plus que communication – l'hypothèse n'est pas à exclure – et tente de préempter un sujet primordial – celui de la violence qui monte au cœur de la société – en le soumettant à l'épreuve du vacarme. Les populistes seraient ainsi privés du monopole qui les faisait exceller seuls dans cet art. Ce serait là un jeu dangereux. Car il ne saurait y avoir d'efficacité, face à la perte du sens de la nation, dans le surgissement d'un populisme d'État, empruntant à ceux qu'il est censé combattre, le tacticisme, la sémantique et les slogans qui les singularisent. Née d'une idée universelle, la nation ne peut se réduire à une identité où domineraient le repli et la peur. Ce serait ignorer que la violence a des ressorts, et que l'insécurité se combat d'abord par les armes du droit, ainsi que par une chaîne pénale efficace. Ce serait aussi renoncer à l'espérance, en condamnant à la résignation tous les peuples du monde – et d'abord le peuple français – qui attendent de la France qu'elle retrouve sa ferveur républicaine.

Logement : le naufrage d'une politique

14 juin 2023

Le terme *pénurie* désigne le manque de ce qui est nécessaire. Or voilà que la France, à bas bruit, est entrée dans une pénurie de logements. Pour y faire face, la construction de 450 000 nouveaux logements par an serait nécessaire, pour répondre aux attentes de l'ensemble de nos concitoyens qui vivent dans des conditions précaires ou indignes. Or, actuellement, il s'en produit 100 000 de moins.

Par ailleurs, alors que 100 000 nouveaux logements sociaux devraient sortir de terre chaque année pour satisfaire la demande, il ne s'en construit, depuis 2017, que 88 000. Le marché de la location immobilière est bloqué, avec deux fois moins d'offres, pour une demande une fois et demie supérieure à ce qu'elle fut jadis. 2,3 millions de Français sont demandeurs d'un logement social ; 600 000 mutations attendent dans le parc social, 78 000 familles bénéficiaires d'un DALO ne sont toujours pas logées, 4,1 millions de Français sont mal logés et 330 000 sont sans domicile fixe. En quelques mois, la délivrance de permis de construire a chuté de 30 %, l'octroi de crédits immobiliers de 40 %. Et voilà que le mal-logement énergétique émerge : 12 millions de nos concitoyens sont en précarité énergétique, 50 000 logements doivent être remplacés car leur rénovation serait trop onéreuse. 4,7 millions de biens d'habitation (40 % du marché locatif privé !) risquent d'être interdits à la location du fait de leur classement énergétique.

Voilà donc le tableau qui témoigne, s'il en était besoin, que la politique du logement est dans notre pays un naufrage !

Derrière les chiffres se nichent des drames personnels, familiaux et intimes, vécus comme une humiliation et une injustice. En 1954, les plus hautes autorités de l'État, assumant leur politique, déclarent : « On ne peut pas tout attendre de la réforme gouvernementale ». La centaine de milliers de salariés du bâtiment qui risquent de perdre leur emploi cette année apprécieront le volontarisme gouvernemental.

Le logement est le premier poste de dépenses des ménages (jusqu'à 40 % de leur budget), mais il est surtout un droit. Le prétendu Conseil national de la refondation du 5 juin a laissé un goût amer, aucun dispositif contracyclique n'ayant été envisagé pour répondre à la crise de l'offre (rareté et cherté des fonciers, constructibilités insuffisantes, collectivités locales privées des moyens d'accueillir de nouveaux habitants, surcoûts de la construction, recours abusifs, etc.). Pour répondre à la crise de la demande, à la difficulté d'accès des familles au crédit, à l'abandon des dispositifs d'investissement locatif, quelques ajustements techniques aux effets marginaux ont certes été envisagés. Mais aucune mesure chiffrée n'est venue crédibiliser le début d'une ambition, puisqu'une économie budgétaire évaluée à 2 milliards d'euros est tombée d'en haut comme un couperet. Alors que le logement représente pour l'État 38 milliards d'euros de dépenses et 88 milliards d'euros de recettes, voilà que la France se voit administrer un plan d'économies, alors qu'elle aurait grandement besoin d'un plan de relance ! On ne fera jamais de moi un thuriféraire du déficit. Mais nul ne peut réduire une politique à des logiques comptables.

Certes, nous ne construirons plus jamais comme jadis. Bien sûr, la construction est la deuxième source d'émission de gaz à effet de serre ; et l'artificialisation des sols, un accélérateur du réchauffement climatique. Les nouveaux logements à construire ne peuvent être seulement des logements neufs, et l'évitement de l'extension urbaine, notamment dans les zones tendues, suppose de densifier la ville, de régénérer des friches obsolètes et des bâtiments existants. Bien sûr que les métropoles en tension, où la demande de logements excède l'offre disponible, sont dures à vivre. On y subit pollution, promiscuité, minéralité, cherté, temps perdu, insécurité, etc. De même, les villes petites et moyennes délaissées, territoires en déprise où l'offre de logements excède la demande, ne sont pas moins difficiles à habiter. Il y manque parfois des emplois, des commerces, des services publics, et des moyens accessibles pour la mobilité. Adapter les stratégies de construction de logements aux réalités locales, voire territorialiser celles-ci, relèverait donc du bon sens.

Enfin, la trajectoire climatique et le confort d'habiter demandent que la qualité de la production urbaine et immobilière (sobriété énergétique, paysage et biodiversité, surfaces extérieures) guide la conception de logements.

Mais quelques principes demeurent, sur lesquels la fermeté s'impose. Si le « zéro artificialisation nette » des sols, nécessaire au respect de notre trajectoire écologique, n'est pas accompagné d'une densification des villes existantes, il se transformera en une machine à exclure les populations, notamment les plus fragiles, des centres-villes où les logements sont raréfiés et enchéris. Si les verrous à la construction de logements ne sont pas levés (rétention et enchérissement du foncier, empilement de règlements incohérents, repli des plans locaux d'urbanisme, normes constructives enchérisseuses faute de filières et d'industries matures, recours abusifs pénalisant les recours légitimes), la pénurie de logements deviendra endémique, indépendamment même de l'évolution des taux d'intérêt.

Si toute la chaîne de la production immobilière n'est pas accompagnée par la puissance publique, par la mobilisation des opérateurs privés, des bailleurs sociaux, des investisseurs publics – pour le logement intermédiaire – comme des investisseurs privés – pour la transformation d'actifs, mais aussi des investisseurs locatifs – qui produisent du logement loué à des prix abordables –, ce sont les parcours résidentiels locaux qui deviendront impossibles. La colère viendra alors prendre le relais de la désespérance.

Croire en la ville, c'est croire dans le progrès et le partage : la ville est un lieu d'émancipation et de commun. Le logement est une des conditions mêmes du travail, de la santé, de la famille, de l'éducation, de la sociabilité, du repos. L'acte de construire décarboné sert cette conviction : l'enjeu écologique ne doit pas constituer un prétexte à la vitrification des territoires, à la standardisation des formes urbaines, sans âme ni architecture, dictée par les procédés constructifs, à l'enchérissement du logement ou à l'éviction des habitants. Tout le monde a le droit à un toit, et les travailleurs de nos villes, que nous avons applaudis à nos fenêtres pendant la crise sanitaire, les classes moyennes et populaires qu'on appelait jadis laborieuses, les grandes familles et notre jeunesse ont le droit, comme d'autres, à la ville.

Il ne suffit pas de clamer que le logement est la bombe sociale de demain, il faut désamorcer cette bombe. On n'a pas le droit d'abandonner les Français, à ce point malmenés dans leur vie de tous les jours, et dans leurs projets de toute une vie. Il y va de la crédibilité de l'action politique, et de celle du rôle de l'État. Ici encore, à ne pas répondre aux aspirations les plus concrètes de notre peuple, on crée les conditions de tous les populismes.

L'immigration en France : la vérité plutôt que les postures

28 juin 2023

En France, le débat sur l'immigration doit sortir des polémiques pour devenir, enfin, rationnel. La confusion volontairement entretenue sur cette question favorise l'extrême droite, en plaçant la discussion sur son terrain : celui de la figure de « l'étranger » responsable, par sa seule présence, de tous les malheurs publics. Courir ainsi après l'extrême droite, c'est, par une funeste prophétie, admettre que ses affirmations seraient des vérités, doublées de solutions, et ainsi lui permettre de faire la course en tête. En revanche, en parlant à la raison du peuple français, on peut aussi ouvrir un chemin pour renforcer le consensus républicain, en partant de la réalité.

Commençons donc par les faits : la France est le plus ancien pays d'immigration d'Europe. Cela fait partie de notre histoire, mais aussi de notre construction nationale. De grandes vagues d'immigration, dès la fin du XIXe siècle, et singulièrement après les deux guerres mondiales, ont permis le développement industriel de notre pays. Depuis une vingtaine d'années, nous assistons toutefois à une hausse de la pression migratoire, à la faveur notamment de la transition démographique du continent africain et des crises tragiques survenues en Syrie, en Irak, en Afghanistan ou en Ukraine.

Dans ce contexte, la France a mené une politique plus restrictive que celle de ses voisins, notamment en matière d'immigration professionnelle. Les flux migratoires représentent ainsi chaque année 0,4 % de sa population, ce qui la place en dessous de la moyenne des pays de l'OCDE. Les crises ukrainienne, afghane, syrienne et irakienne ont beaucoup moins touché notre pays que nos voisins européens dont certains – la Grèce et l'Italie – ont eu trop souvent le sentiment d'être seuls face au défi.

En fait, la part des personnes nées à l'étranger est moindre en France qu'ailleurs en Europe, et bien sûr qu'aux États-Unis ou au Canada. En revanche, il y a en France bien davantage de descendants d'immigrés de deuxième ou de troisième génération. L'impact de l'immigration en France est donc plus ancien que chez nos partenaires européens.

La situation des descendants d'immigrés de deuxième ou de troisième génération, quasiment tous français par l'effet du droit du sol, ne peut pas être traitée par la politique migratoire. Cela ne veut pas dire, les concernant, que les résultats obtenus soient conformes aux objectifs affichés des politiques d'intégration : 22 % de ces populations sont en dessous du seuil de pauvreté pour les immigrés de deuxième génération, contre 11 % pour les non-descendants d'immigrés.

Elles vivent davantage le chômage (12 %, contre 7 %) et le sentiment de la relégation, tiraillées qu'elles sont entre la culture de leur pays, la France, et la culture du pays d'origine de leurs parents ou de leurs grands-parents. Force est de constater que les politiques d'insertion sociale et professionnelle, de lutte contre les discriminations et la pauvreté, d'éducation, de promotion de la laïcité et de la République ont échoué à délivrer leurs résultats. Là est donc l'un des enjeux principaux.

En partant de ces faits constatables et incontestables, on conçoit qu'au plan national quatre principes structurent la politique migratoire de notre pays depuis au moins vingt ans.

Le premier affirme le nécessaire renforcement des politiques d'intégration des étrangers. Sous la présidence de Jacques Chirac, le « contrat d'accueil et d'intégration » avait été créé. Puis j'ai défendu et mis en place le titre de séjour pluriannuel de deux ou quatre ans, conditionné à la signature d'un « contrat d'intégration républicaine ». Cette politique a été poursuivie par l'actuel gouvernement. L'idée est simple : il faut donner gratuitement à tout étranger les moyens de s'intégrer à notre pays, d'en maîtriser la langue et les institutions, et notamment les valeurs, faute de quoi se constituent – il en existe en France – des communautés séparées et des espaces qu'ordonnancent d'autres règles que celles de la République. Pour qu'une telle perspective soit repoussée, il importe aujourd'hui d'aller bien au-delà, en mettant tout en œuvre pour garantir une parfaite maîtrise du français écrit et oral pour tous. Personne, dans l'arc républicain, ne conteste l'utilité de cette politique.

Il faut ensuite admettre au séjour les étrangers à qui le droit international et les principes fondamentaux, reconnus par la France, ouvrent la possibilité de rester sur le territoire national. Cela vaut bien sûr pour les réfugiés, persécutés dans leur pays d'origine. Cela vaut aussi pour ceux dont les liens familiaux se situent en France : comprendrions-nous que nous interdisions à un enfant français mineur d'avoir auprès de lui son père ou sa mère ? Aucun gouvernement républicain ne s'est aventuré dans cette voie, et aucun ne le fera. Bien sûr, les gouvernements peuvent partiellement ouvrir ou au contraire fermer la définition de ce qu'est le droit à une vie familiale normale. Il y a là place pour des débats républicains. Mais la stabilité des chiffres de l'immigration familiale depuis vingt-cinq ans, autour de 90 000 titres de séjour par an – 95 507 en 2022 selon les données publiées la semaine dernière par la Direction générale des étrangers en France (DGEF) du ministère de l'Intérieur – démontre que, dans son principe comme dans son contenu, cette réalité résiste aux alternances politiques.

Le troisième principe appelle une fermeté sans faille dans la lutte contre l'immigration irrégulière. Si nous voulons accueillir ceux qui doivent l'être, nous ne pouvons accueillir ceux qui n'ont aucun titre à demeurer en France. Il nous faut également faire passer le droit à l'égard des étrangers qui violent nos lois ou troublent l'ordre public. Le démantèlement des réseaux de passeurs, qui exploitent la misère humaine, en exposant chaque jour des centaines de migrants à la mort en Méditerranée et dans la Manche, doit demeurer une priorité des services de police et de renseignements, y compris dans le cadre d'une coopération européenne accrue. Nous devons aussi assumer que les étrangers qui ont épuisé leur demande de titre de séjour ou d'asile soient reconduits à la frontière, et envoyer le signal qu'il ne saurait y avoir la moindre faiblesse à l'égard de ceux qui fraudent sur leur âge, leur situation maritale ou parentale. Que le nombre des reconduites ne varie guère depuis quinze ans confirme la nécessité d'agir plus efficacement.

Enfin, il faut tenter d'attirer, en France, les talents dont nos universités peuvent assurer la formation, pour contribuer au rayonnement de notre pays à travers sa culture et sa langue : tous les gouvernements se sont accordés, depuis vingt ans, sur la nécessité de développer les mobilités étudiantes. Cette politique n'a connu qu'une brève interruption avec la triste circulaire Guéant de 2011, abrogée par le gouvernement de la gauche en 2012. Elle constitue un point de consensus très fort entre les partis de l'arc républicain. C'est en vertu de ce consensus que sous la présidence de François Hollande, le passeport talent a été adopté. Faut-il en étendre désormais le bénéfice à tous les métiers en tension, à l'instar de ce que font le Canada et l'Allemagne ? Faut-il être plus sélectif dans l'accueil des étudiants étrangers ? Il y a sur ce point motif pour un débat constructif et apaisé.

Il est plus urgent aujourd'hui de se mettre d'accord sur ces quatre principes que de nous perdre en polémiques et postures hasardeuses. À ceux-ci doit s'ajouter l'exigence de la coordination européenne pour gérer notre frontière extérieure commune, qui a été déléguée à l'Europe par la convention de Schengen. Gérer en commun une frontière unique est une force, pas une faiblesse, et sortir de Schengen serait une faute. La France, compte tenu de sa position géographique, n'a pas les moyens de contrôler tous les points de passage à ses frontières intérieures avec ses voisins. Elle serait impuissante hors de Schengen et aveugle, en ne disposant pas des outils et fichiers déployés au plan européen. Enfin, nous n'échapperons pas à la nécessité de bâtir un partenariat stable avec les pays de départ pour mieux maîtriser les flux et garantir les retours des irréguliers. Il faut sur ce sujet, comme sur d'autres, avoir le courage de faire coïncider les faits et les principes, les discours et les actes.

Refaire France

12 juillet 2023

La mort tragique du jeune Nahel fut le prétexte, pour plusieurs milliers d'émeutiers, à la destruction et au pillage d'équipements publics ou de biens privés. On a vu des élus pris à partie, parfois jusqu'à leur domicile. Les Français, déconcertés, en ont éprouvé de la peine et une immense colère. À la fois lucides et inquiets, ils cherchent désormais à conjurer la réédition d'un tel embrasement. Rarement l'avenir n'aura autant dépendu de notre capacité collective à refaire nation.

À l'heure où les victimes des violences évaluent les pertes matérielles et où chacun tente de surmonter le choc, le temps de la reconstruction est venu. La loi d'urgence y pourvoira. Tout ne sera d'ailleurs pas immédiatement réparable, qu'il s'agisse des bâtiments publics ou de la voix abîmée de la France à l'international, tant les images de désolation diffusées sur les télévisions et les réseaux sociaux ont montré d'elle un visage que le monde ne lui connaissait pas.

Mais nous devons surtout nous atteler à une tout autre reconstruction, celle des cœurs républicains et des âmes civiques, c'est-à-dire de l'unité nationale et du contrat social. Car c'est bien ce ciment-là qui a été attaqué. Les récents événements ont en effet révélé la lente désagrégation de la nation, au terme de trop nombreux renoncements et ajournements, en dépit de décennies d'action nationale et locale, publique et privée, en faveur de la politique de la ville et de la redistribution sous forme de transferts sociaux, mais aussi d'investissements. Si ces derniers devront être complétés et consolidés, il est des défis humains et moraux dont la solution ne relèvera pas du « quoi qu'il en coûte ».

L'ampleur du séisme exige d'abord une vision. Or voici que s'expriment surtout des réflexes. La mise en cause par l'extrême droite et la droite qui lui est désormais accolée des jeunes, des familles, des banlieues et des étrangers, sans autre forme de nuance, est aussi confuse que dangereuse, comme l'est l'opposition réactivée entre Français « de souche » et « de papiers ». Le relativisme est un autre réflexe, celui de l'extrême gauche, qui voit dans l'émeutier un révolté et dans la culture de la violence – rebaptisée « conflictualité » – le romantisme de la révolution. Si le rejet de la sociologie en vogue chez les conservateurs est compulsif, la justification sociale donnée par La France insoumise et l'ultragauche aux délits accomplis par des délinquants révérant l'argent, le virilisme et la mise en scène numérique de soi est une faute politique et morale. Il faut par ailleurs vouloir plus d'affrontements encore pour affirmer que « la police tue », comme si elle disposait d'instructions de sa hiérarchie légitimant des comportements hautement répréhensibles, alors même qu'un policier est mis en examen et placé en détention provisoire pour avoir enfreint la loi, ou encore pour prétendre que les forces de l'ordre disposeraient d'un « permis de tuer ». En convoquant ainsi la détestation de la police, là où l'esprit de responsabilité devrait s'imposer, on minore l'importance des vrais enjeux, au premier rang desquels figurent la formation et l'encadrement des policiers.

Dans les temps troublés, il faut une espérance. La reconstruction d'un ciment républicain en est une, à condition de conjuguer autorité, égalité et dignité.

De l'État, les Français attendent qu'il rétablisse l'autorité, celle de la loi républicaine qui garantit la sécurité des personnes, la sûreté des déplacements et la protection des biens. Lors des émeutes, policiers et gendarmes ont été exemplaires, comme le furent les juridictions et le personnel de justice, face au flot des interpellations et au défi des comparutions immédiates. Renforcer les moyens de la chaîne pénale et l'attractivité de ses métiers est une impérieuse nécessité, tout comme le déploiement de la vidéoprotection, le rétablissement d'une police de proximité pour que ses agents soient intégrés à la vie des quartiers. Rien ne se fera d'utile sans le renforcement des parquets, afin d'éradiquer les trafics et les marchands de sommeil, sans des centres éducatifs renforcés pour la réinsertion des mineurs délinquants. Mais l'enjeu principal réside pour l'État dans la certitude de l'effectivité des peines prononcées par la justice, notamment des peines de prison ferme avec incarcérations immédiates, en cas d'atteinte aux représentants de l'autorité ou de violence sur les individus. Il ne peut y avoir d'autorité là où dominerait l'impunité.

En République, le régalien va de pair avec la justice. Aussi l'égalité doit-elle demeurer une exigence. Près de six millions de nos compatriotes vivent dans les mille deux cents quartiers de la politique de la ville

(QPV). Or, trop de partis politiques s'adressent à eux soit en les accablant d'anathèmes, soit en les considérant comme une clientèle électorale à conquérir ou à conserver. Les habitants des quartiers supposés prioritaires vivent une réalité que les élus locaux rappellent inlassablement, par-delà leurs attaches partisanes : un taux de chômage près de trois fois supérieur à celui des autres quartiers des unités urbaines, un retard scolaire des élèves deux fois plus fréquent, une espérance de vie plus faible que la moyenne nationale.

Le défi et le devoir de la nation résident d'abord dans l'éducation. Décrochage, mauvaise orientation, attraction pour l'économie souterraine et ses revenus : ce qui lie les jeunes hommes interpellés lors des émeutes est d'avoir cessé l'école trop tôt. Les chantiers ne manquent pas pour permettre l'accès des jeunes enfants aux crèches, le dédoublement des classes de maternelle dans les établissements d'éducation prioritaire, mais aussi la découverte de l'entreprise pour les plus âgés, en passant par l'accès à la culture et au sport dans le cadre des activités périscolaires, le développement de l'aide aux devoirs, l'accès aux voyages scolaires ou à la découverte de son propre pays par ceux qui subissent l'enfermement territorial. L'éducation, c'est aussi le soutien à la parentalité par l'écoute, le conseil, la responsabilisation, l'apprentissage de la langue française et des outils numériques. Cette approche sera toujours plus efficace et juste que la suppression des allocations d'une famille quand l'un des siens a fauté.

L'autre levier de l'égalité, c'est le travail, sa valeur et son utilité. Donner plus d'opportunités professionnelles aux habitants des quartiers populaires – comme des zones rurales – passe tout à la fois par la présence de

Pôle emploi et des missions locales dans les quartiers, des clauses d'insertion dans la commande publique, le soutien à l'apprentissage et aux réseaux locaux d'entreprises pour des offres d'emploi en proximité, mais aussi par le recours au « testing » afin de prévenir et sanctionner les discriminations à l'embauche. Encore faut-il, pour se rendre au travail ou en chercher un, être mobile, disposer de transports collectifs efficients et sûrs, aux passages réguliers et aux horaires de fonctionnement de service adaptés aux travailleurs, notamment aux femmes salariées, qui partent tôt ou rentrent tard. Le travail est une réponse à la paupérisation qui frappe les banlieues, notamment les familles monoparentales, dont un tiers vivent sous le seuil de pauvreté. La politique de peuplement en est une autre : le droit au logement doit viser réellement la mixité et non reproduire, en les aggravant – comme cela est trop souvent le cas –, la pauvreté et la ghettoïsation dans un immeuble ou un quartier.

Reste une évidence : la reconstruction d'une cohésion nationale ne peut relever exclusivement de l'économie, de l'urbanisme et des services publics. Nos sociétés techniques et matérialistes l'ont oublié, mais toutes les questions ne trouvent pas leur résolution dans des « dispositifs » et des « moyens ». De même, la cohésion nationale ne se construit que dans les liens entretenus à une histoire, à des valeurs, à une culture, à un art de vivre, à un patrimoine, bref à une continuité qui se nomme la France, ce qui suppose d'en être fier. La grandeur du projet républicain est de nous permettre d'être égaux en étant différents. L'égalité ? Elle suppose l'attachement à des principes communs, dont l'État de droit, la laïcité et le respect des institutions, de leurs symboles et de leurs représentants. La diversité ? Elle reste pour une bonne part à reconnaître et à valoriser pour ce qu'elle est : pas seulement une donnée, mais une richesse et une chance. Des vagues successives d'immigration ont forgé notre nation, contribué à son développement et à son rayonnement. Nos livres d'histoire et les rues de nos communes doivent en porter témoignage. Tout comme les représentations au sein des lieux de pouvoir – politique, économique, médiatique, administratif. Dans un rapport que le président de la République lui avait commandé, Jean-Louis Borloo avait proposé en 2018 la création d'une « Académie des leaders », en vue de démocratiser la haute fonction publique. C'est une proposition. Il y en a bien d'autres, formulées par de multiples travaux, qu'il serait heureux de concrétiser pour « refaire nation » et combattre le danger qui menace notre pays : l'enfermement communautaire et le ressentiment identitaire.

Il n'y a pas d'inéluctabilité de la violence. N'existe que le renoncement à la combattre vraiment, en rappelant inlassablement ce que nous sommes comme nation. Car c'est bien la passion et l'amour de la France qui constituent le meilleur antidote à la haine qui monte.

Le temps est venu d'organiser les assises de la gauche républicaine

26 juillet 2023

Après un peu plus d'un an d'existence, la Nupes traverse une crise profonde. Ses créateurs ne parviennent pas encore à se résoudre à ce qui est devenu pourtant une évidence : l'accord conclu à la hâte, en mai 2022, a vécu. Il en est souvent ainsi des alliances dictées par les arrière-pensées : les uns espèrent tirer profit pour eux-mêmes du capital accumulé par les autres, dans une atmosphère où les considérations tactiques sont largement inspirées par les stratégies individuelles.

Avec le recul du temps, on parviendra à mieux déchiffrer ce qu'ont été les intentions de ceux qui furent alors à la manœuvre. Mais si l'on se résout à juger de l'efficacité d'une stratégie politique à l'aune de sa capacité à atteindre ses objectifs, on constatera l'extraordinaire opportunité que les postures d'affrontement et de sectarisme ont constituée pour le Rassemblement national, toujours en quête de respectabilité.

Bien qu'on le présente désormais comme un animal blessé qu'une surenchère dans la surenchère aurait fini par isoler de tout le monde – y compris des siens –, Jean-Luc Mélenchon n'aura pas été le moins habile à tirer les marrons du feu. Pour ne jamais être parvenu à conquérir le parti de François Mitterrand de l'intérieur, et après avoir fini par abhorrer tous ses leaders, coupables de l'en avoir empêché, le chef des insoumis est parvenu à arrimer à lui ce qui demeurait encore de l'appareil socialiste.

En couvrant du bruit de ses outrances la parole de ceux qui escomptaient tirer leur épingle du jeu en tentant d'apparaître comme les plus raisonnables parmi les plus tonitruants, il est parvenu à les rendre tous inaudibles, en les marginalisant au sein d'un système conçu pour servir ses seuls intérêts.

On pourra, une fois encore, objecter à cette réalité que, par cette concession faite à celui que la volonté des électeurs avait placé en tête, on entérinait un fait politique incontournable tout en garantissant la réélection des députés socialistes sortants. C'est oublier que si tel était le but – et dès lors qu'il était atteint –, on aurait pu se démarquer plus vite et plus nettement au sein de l'alliance circonstancielle en affirmant de façon plus tranchée des désaccords essentiels.

Hélas, il n'en fut rien, jusqu'à la dernière déclaration de Jean-Luc Mélenchon contre le président du Crif, Yonathan Arfi, qualifié de suppôt de l'extrême droite, alors même que l'on sait le sort qui fut réservé aux juifs de France par les tenants de l'abject régime de Vichy. Déclarer, quand fut infligé ce nouvel affront fait à ceux qui luttent depuis toujours contre l'antisémitisme, que Jean-Luc Mélenchon ne serait pas plus antirépublicain que Yonathan Arfi ne serait d'extrême droite était une curieuse manière de renvoyer dos à dos l'offenseur et l'offensé.

La gauche ne pourra jamais se reconstruire dans la perpétuation de telles ambiguïtés, ni sur cette question ni sur celle de l'ordre public. Aujourd'hui, la France a besoin de rassemblement et de confiance. La fracturer davantage en instillant partout le poison de la défiance et de l'affrontement serait une faute.

Quant à ceux qui se sont depuis longtemps inquiétés des conséquences de telles dérives sur le climat politique dans notre pays, ils furent à la fois suspectés de vouloir apporter leur concours à l'actuel pouvoir – accusation qu'aucun fait ne soutient depuis plus de six ans, mais qui permet de fuir le débat de fond – au seul motif qu'ils refusaient de le combattre, en usant de tous les artifices d'une rhétorique grossière. Ils furent qualifiés, eux aussi, de suppôts de l'extrême droite – comme Fabien Roussel d'ailleurs – par ceux dont l'excommunication est devenue la principale activité, qu'elle tire argument de l'âge du capitaine – cynisme suprême ! –, ou de l'apparence physique ou vestimentaire des adversaires à abattre, bref, de versions successives et compilées du « délit de sale gueule ».

Il y a donc urgence, pour la gauche républicaine et pour les Français qui attendent qu'elle propose un espoir, à sortir de ce piège où les circonstances politiques l'ont placée, car l'aventure qu'a constituée la Nupes s'achève désormais, son chef ayant décidé d'y mettre un terme. Les élections européennes constitueront le prochain scrutin au suffrage universel, à l'aune duquel se mesureront les rapports de force entre les formations constituées, mais aussi la détermination de la gauche européenne à faire entendre sa voix, pour changer le destin d'un continent confronté à la guerre et à la pression inflationniste, au retour des régimes autoritaires, aux défis du réchauffement climatique et à l'aspiration des jeunes générations à voir les inégalités se réduire face à une globalisation de l'économie qui les creuse, en semant partout la désespérance.

Dans un monde dangereux, et dont les mutations menacent jusqu'à la possibilité de la vie sur la planète, la radicalité des solutions ne saurait se confondre avec l'extrémisme des postures. Car il ne faut pas seulement dire quoi faire, mais comment agir, et cela dans le cadre de la démocratie et de l'universalisme. Il est donc urgent que les socialistes, les républicains humanistes, les écologistes de gouvernement et les réformistes de gauche se rassemblent, en vue de la création d'une grande formation politique capable de susciter à nouveau l'espérance et d'éviter l'avènement de l'extrême droite et de la droite extrême.

Cet espace existe. Il est vaste. Il ne demande qu'à s'exprimer, ce qui exige de l'organiser. Il suppose des initiatives nouvelles, amples et généreuses : autrement dit le rassemblement de ceux qui ont en partage une histoire dont ils ont toutes les raisons d'être fiers, et qui ne confondront jamais l'espoir et la colère, le projet et le rejet. Des assises doivent être convoquées en urgence pour matérialiser cette volonté. Un projet doit être collectivement construit, c'est-à-dire une vision du monde et du pays qui tienne sa cohérence de propositions concrètes et crédibles.

Une liste européenne de rassemblement doit aussi en résulter, affirmant son clair soutien à nos frères d'Ukraine, et son attachement à la construction de l'Union, comme puissance capable de défendre ses valeurs, autant que ses intérêts, face aux empires du nouveau siècle, son affirmation d'un chemin pour une démocratie sociale-écologiste face au matérialisme américain et au dirigisme chinois.

Ne pas s'y résoudre par tactique serait une faute. Il faut impérativement franchir le pas. Celui auquel sont prêts tous ceux qui ont la conviction que la France et l'Europe sont plus grandes qu'elles-mêmes et qu'elles méritent qu'on élève ensemble le regard.

La vraie urgence de cette rentrée, c'est le pouvoir d'achat

23 août 2023

Rarement la rentrée aura autant révélé le décalage entre la situation réelle des Français et les questions le plus souvent dérisoires auxquelles des organisations politiques affaiblies, et visiblement dépassées, consacrent leur énergie. Alors qu'une part grandissante de nos concitoyens ne peut plus faire face aux dépenses alimentaires essentielles et est à la peine pour assurer la rentrée scolaire ou universitaire de ses enfants, le carrousel des appareils produit polémiques et divisions, en invitant aux universités d'été des personnages contestables aux propos inacceptables. Dans le même temps, l'exécutif actuel pratique le teasing, comme le font les plateformes pour leurs séries.

Des initiatives de recomposition politique, brumeuses à ce stade, sont annoncées, qui font écho à celles qui furent déjà initiées par le passé, sans beaucoup d'effets jusqu'à présent.

Pendant ce temps, dans la vie vécue du pays, celle que subissent les Français, tout continue d'être plus cher.

Ainsi, les prix du carburant dépassent parfois les 2 euros par litre, et les tarifs de l'électricité menacent de s'envoler. Les prix des produits alimentaires, hors viande, ont augmenté de plus de 22 % dans la grande distribution au cours des dix-huit derniers mois, tandis que ceux des fournitures scolaires de rentrée pourraient connaître une hausse de l'ordre de 10 à 15 % cette année, dans un contexte où le coût de la vie continue à augmenter pour les étudiants. Beaucoup de jeunes étaient déjà confrontés, l'an dernier, à une précarité devenue insupportable. Or, être étudiant n'est pas un travail, mais une activité qui appelle des aides directes qui doivent être renforcées par une réforme d'ensemble du système des bourses, prenant davantage en compte la situation des étudiants issus des classes moyennes, selon des modalités à soumettre à la concertation des organisations syndicales représentatives. Il conviendrait également de renforcer les dispositifs accompagnant les étudiants se destinant aux carrières de la fonction publique, dans le cadre de la revalorisation de celles-ci.

La réalité de notre pays, en cette fin de mois d'août, est donc celle d'un pouvoir d'achat fortement réduit pour des millions de familles, y compris pour les classes moyennes. Ce sont donc des sacrifices quotidiens à consentir, alors que tout est déjà si difficile. Un tiers des Français s'apprêteraient à limiter désormais leurs achats de nourriture !

Pour faire face à l'évolution des prix des carburants, une réflexion spécifique devrait traiter des frais de transport des salariés contraints d'utiliser leur voiture individuelle pour leurs déplacements domicile-travail. Il n'est pas normal que cette prise en charge ne soit obligatoire pour l'employeur que pour les trajets en transport en commun. Il appartient à l'État employeur de montrer l'exemple en agissant réellement pour le pouvoir d'achat des fonctionnaires des trois fonctions publiques, comme il l'a déjà fait pour l'utilisation du vélo. Certes, et tant mieux, l'État a décidé de relever le taux de remboursement des abonnements de transport en commun. Mais tous les agents publics ne vivent pas dans des métropoles ou dans leurs centres urbains denses... Une réflexion s'impose là aussi, avec les organisations syndicales de la fonction publique, sur la prise en charge des frais de transport des fonctionnaires contraints – y compris par leurs horaires – d'utiliser leur véhicule personnel. Il conviendra de discuter les paramètres de la mesure pour également soutenir, à cette occasion, la transition écologique et favoriser les véhicules les plus vertueux, dont les caractéristiques devront être définies.

Outre l'enjeu des salaires, la question du logement doit également être de toute urgence prise à bras-le-corps par les pouvoirs publics. J'ai eu l'occasion d'alerter, au début de l'été, sur le naufrage de la politique du logement, qui crée les conditions d'une véritable bombe sociale à désamorcer au plus vite. Depuis lors, la crise n'a cessé de s'approfondir avec un niveau d'activité commerciale actuellement inférieur à celui enregistré au cœur de la crise du Covid. Un secteur économique majeur est désormais menacé d'arrêt complet, avec de possibles effets en cascade pour la croissance du pays, l'activité dans les territoires et le parcours résidentiel de millions de Français. Une mobilisation générale s'impose pour relancer la production. La nécessité de lever les verrous à la construction de logements est ancienne. Elle relève désormais de l'urgence (rétention et enchérissement du foncier, empilement de règlements incohérents, repli des plans locaux d'urbanisme, normes de construction contribuant à renchérir les coûts de réalisation faute de filières et d'industries matures, recours abusifs pénalisant les recours légitimes). La hausse des coûts de financement, avec des taux de crédit allant vers les 5 %, rend l'action plus impérieuse encore pour réduire les prix de production et rendre solvable à nouveau la demande privée. Celle-ci doit être soutenue et complétée par la mobilisation transitoire de l'ensemble des acteurs publics et parapublics, pour faire face à la crise. C'est là aussi une opportunité pour tenir compte des besoins des étudiants et relancer les commandes de logements dédiés à leur hébergement.

Face à cette situation, les mesurettes thématiques (primes, pass, boucliers ou encore, en dernier lieu, bonus pour faire réparer ses vêtements) ne suffiront pas. Il ne serait pas non plus décent ni plus efficient de promettre des dispositifs aussi globaux que coûteux avec l'argent des Français – en réalité, avec leur propre dette, puisque l'actuel pouvoir a fragilisé dès 2017 les finances publiques par des baisses massives, irresponsables et injustes d'impôts au bénéfice des plus fortunés ! Et même cette méthode semble désormais à bout de souffle puisque, rattrapé par le réel, le gouvernement serait, selon la presse, contraint à des économies qui pourraient venir encore rogner le pouvoir d'achat du plus grand nombre, notamment par l'augmentation des franchises médicales.

Il faut donc revenir aux fondamentaux. L'augmentation du coût de la vie ne sera pas supportable si le niveau des salaires ne rattrape pas celui des prix. Il faut donc agir sur ce terrain. Le gouvernement doit convoquer dès la rentrée de septembre une conférence sociale pour discuter de la question de la hausse des salaires et du pouvoir d'achat avec les partenaires sociaux et appuyer fortement les demandes des organisations syndicales de salariés et d'étudiants. Sans un compromis efficace autour de ces enjeux, la cohésion nationale pourrait encore être fragilisée. Dangereusement.

La France doit-elle se résigner à la perte de son influence en Afrique ?

6 septembre 2023

S'il existe un point commun à « l'épidémie de putschs » en Afrique, justement dénoncée par le président de la République la semaine dernière, c'est le rôle de bouc émissaire qu'on voudrait voir systématiquement endossé par la France. Pourtant, au Mali, au Burkina Faso, au Niger, ou cette semaine encore, au Gabon, les ressorts des coups d'État sont évidemment très différents. Il n'y aurait guère de sens à comparer le traitement réservé à Niamey au président démocratiquement élu Mohamed Bazoum à la situation qui a prévalu au Gabon, au lendemain d'une élection contestée, consacrant plus de cinquante ans de maintien au pouvoir du clan Bongo. Mais quelles que soient les configurations et les circonstances, ces coups de force politiques, et parfois militaires, finissent toujours par des débats sur le rôle et la stratégie de la France sur le continent africain.

Alors que nous n'avons cessé, depuis dix ans, d'afficher notre volonté d'en finir avec la « Françafrique », que nous avons perdu tant de vies humaines dans des opérations visant, à l'appel des États menacés et afin de les protéger du terrorisme, à rétablir la paix et la sécurité au Sahel, que nous avons réformé et amplifié nos outils d'aide au développement, cette remise en cause de notre action, plus ou moins spontanée, alimente dans notre pays un profond sentiment de malaise et de frustration, encore renforcé par l'assourdissant silence de nos partenaires européens.

Dans un tel contexte, certains s'empressent de dénoncer l'échec majeur de notre politique africaine et d'en tirer des conclusions hâtives. Le plus souvent, les réactions répondent à deux réflexes : plions bagage ou changeons tous les paramètres de notre stratégie africaine ! Dans les deux cas, on laisse entendre que le moment serait enfin venu, pour la France, d'ouvrir l'ultime phase de la décolonisation...

La réalité est bien évidemment beaucoup plus complexe. Ces postures caricaturales feignent d'oublier que les pays dont il est question sont indépendants depuis soixante ans et que nous n'y intervenons aujourd'hui qu'à la demande constante de leurs gouvernements, parce que nous avons fait le choix de l'engagement, là où la plupart des ex-puissances coloniales européennes avaient abandonné l'Afrique, laissant parfois derrière elles guerres civiles et désolation. Elles minimisent les responsabilités de ces États et de leurs gouvernements, les ressorts profonds, internes et externes, des événements politiques qui les affectent. Elles balayent surtout les conséquences qu'aurait, pour la défense de nos intérêts, ceux de l'Europe et de l'Afrique, un désengagement de la France.

Il n'est cependant pas contestable que nous payions aujourd'hui, dans une partie de l'Afrique de l'Ouest, le prix de nos erreurs, au demeurant habilement exploitées par des puissances rivales. Nous avons eu raison d'intervenir en 2013 au Mali, à sa demande et dans le respect de la légalité internationale, pour arrêter l'offensive terroriste sur Bamako. Mais nous avons eu tort de ne valoriser de notre politique au Sahel qu'une approche essentiellement sécuritaire, au prix du maintien, une décennie durant, d'une présence militaire de plus en plus perçue comme une forme de force d'occupation.

Nous avons trop souvent affiché, ces dernières années, un cocktail détonant de postures moralisatrices, mémorielles, et expiatoires (au Rwanda et en Algérie notamment), parfois au mépris des faits et au seul bénéfice des régimes au pouvoir. Par désintérêt ou par déni, nous n'avons pas su enrayer la dégradation constante de notre expertise sur l'Afrique, laissant s'installer une méconnaissance croissante dans l'appareil d'État, y compris au sein de notre diplomatie. Les nouvelles réalités de ce continent nous ont ainsi échappé, en particulier la profonde défiance de la jeunesse à l'égard de régimes vieillissants et souvent dynastiques. Enfin, nous n'avons pas perçu à quel point nos postures d'indignation ou notre défense outragée des valeurs démocratiques prêtaient le flanc aux critiques du « deux poids, deux mesures », lorsque nous affichions, dans le même temps, notre soutien sans états d'âme à des régimes autocratiques ailleurs en Afrique (au Tchad, en Égypte) ou au Moyen-Orient.

Pour autant, il n'est pas concevable d'abandonner l'Afrique tant nos liens avec ce continent, dont l'avenir est si profondément imbriqué à celui de l'Europe, demeurent essentiels. Nos intérêts sont évidemment sécuritaires et migratoires, mais ils sont aussi humains, économiques, culturels, et intimement liés à notre histoire commune. Par sa jeunesse, par ses ressources, par ses créateurs d'entreprises (parmi lesquels figurent de nombreuses femmes), l'Afrique constituera évidemment un acteur essentiel du monde de demain. Notre devoir est de continuer à y investir en approfondissant tous nos partenariats, avec le souci constant du développement des pays et des peuples.

Ne minimisons pas non plus la réalité de ce dont le « dégagisme » ambiant est le visage : ce qui se joue en Afrique de l'Ouest, comme ailleurs, c'est l'attraction croissante pour la désoccidentalisation du monde – dont la France est aussi la victime – au même titre que l'élargissement des BRICS ou le refus de la moitié des États d'Afrique de condamner à l'ONU l'invasion de l'Ukraine. Ce qui se joue, c'est la tentation de construire un ordre alternatif à nos cadres juridiques internationaux, servant les intérêts de la Russie et de la Chine qui avancent contre nous sur tout le continent. Nous désengager reviendrait à accepter et à encourager ce mouvement mortifère pour les Africains eux-mêmes.

Alors que faire ? Continuer à agir, sans aucun doute, mais en partie autrement. D'abord, ne cédons pas au catastrophisme : l'Afrique ne se résume pas, pour la France, au « pré carré » de l'Afrique de l'Ouest, même si dans ces pays nos échanges et nos investissements, en termes absolus, continuent de croître.

Sachons par ailleurs parler à toute l'Afrique, en y multipliant nos points d'appui, au Nigéria, au Kenya, en Éthiopie, au Ghana, en Afrique du Sud, là où le poids de notre histoire commune ne pèse pas systématiquement sur notre dialogue bilatéral. Sachons également davantage nous saisir des défis globaux de ce continent, qu'ils soient climatiques, agricoles ou financiers, en tentant de susciter des réponses collectives qui soient à la hauteur des attentes de la jeunesse africaine.

Nous n'avons aucune raison d'avoir honte de ce que nous apportons aux populations, et il nous faut revendiquer davantage la paternité de nos programmes d'aide au développement, en sortant, autant que faire se peut, de la relation exclusivement bilatérale et en fédérant sur les sujets du développement, de l'adaptation au changement climatique ou de la sécurité une véritable approche européenne.

Notre stratégie de sécurité et notre présence militaire doivent être par ailleurs profondément réévaluées dans un contexte où l'intervention directe, à la demande des États africains, devra devenir l'exception, ses objectifs et sa durée clairement délimités, et les coalitions européennes ou africaines encouragées.

Enfin, l'Afrique peut être humblement et discrètement redécouverte, en multipliant les contacts avec la société civile, la jeunesse, les experts, les acteurs de la culture et les entreprises, comme le président de la République cherche à le faire depuis quelques années.

Et, de grâce, parlons moins, ne vitupérons plus, montrons-nous plus respectueux dans notre parole publique de la souveraineté des États, acceptons que nous n'ayons pas à porter l'entière responsabilité de l'essor démocratique, ni de son reflux actuel, en Afrique francophone, et arrêtons pour ce faire les postures offensantes et moralisatrices. Dans sa tentative d'esquisser une doctrine pour notre politique africaine, Pompidou déclarait en 1973 : « La France ne reconnaît pas les gouvernements ; elle a des relations avec les États. » Il ne s'agit évidemment pas pour nous de mettre dans un même sac dictatures et démocraties, mais de renouer d'abord avec les Africains.

L'école, pierre angulaire d'une République puissante

20 septembre 2023

Après qu'il eut été nommé ministre de l'Éducation nationale, Edgar Faure fit adopter, en novembre 1968, à la quasi-unanimité, une loi d'orientation de l'enseignement supérieur. Il usa, pour ce faire, de toute l'habileté facétieuse dont il savait se montrer capable. À peine avait-il accédé à cette responsabilité nouvelle qu'il détendait l'atmosphère en déclarant aux Français, dans un contexte encore dominé par les événements de mai 1968 : « Ce n'est pas Edgar Faure qui a mis le bazar à l'université, mais c'est le bazar qui a porté Edgar Faure à l'université. » À une époque où les ministres étaient pleinement et seuls investis des responsabilités que le général de Gaulle leur avait confiées, un certain sens de l'autodérision prévalait encore, dont la crédibilité de l'action gouvernementale ne faisait pas les frais.

La rentrée scolaire vient de se dérouler dans un climat sensiblement différent. Les divisions qui fracturent le pays et la confusion ambiante sur à peu près tout contribuent à priver le débat sur l'école de la perspective d'un possible et souhaitable consensus. On aurait pu légitimement espérer qu'il en fût autrement, l'Éducation nationale ayant été élevée au rang des nouvelles priorités régaliennes. En s'appuyant sur les capacités d'un ministre entreprenant pour imprimer sa marque à un secteur faisant l'objet de toutes ses attentions, Emmanuel Macron a choisi le thème de sa propre rentrée. Comme le sujet est d'importance, les décisions annoncées ne doivent pas être jugées à travers le prisme des seuls jeux ou calculs politiques classiques, qui font les délices des partis. En revanche, on peut s'autoriser, avec la plus grande rigueur, à évaluer chaque manifestation de volonté présidentielle et ministérielle à l'aune des moyens alloués par l'État, et des objectifs qu'il prétend pouvoir atteindre à travers eux.

Tout ne peut donc être mis sur le même plan, en réduisant la rentrée scolaire à l'interdiction ferme de l'abaya. L'idée que l'école doit demeurer le sanctuaire de tous les savoirs – à la porte duquel chacun abandonne les signes de ses appartenances philosophiques ou religieuses – fait d'abord écho au projet d'une éducation préparant la jeunesse à l'exercice de son libre arbitre. Dans l'idéal républicain, le professeur a toujours été investi de cette mission émancipatrice, et longtemps les parents et les autorités publiques ont fait bloc autour de lui pour que, par son autorité et son prestige, il soit toujours en situation de bien accomplir sa tâche. De ce point de vue, la décision prise par le ministre de l'Éducation nationale rappelle simplement l'esprit de la loi du 15 mars 2004, mais aussi et surtout sa lettre, qui ne souffre aucune ambiguïté : « Dans les écoles, les collèges et les lycées publics, le port de signes ou de tenues par lesquels les élèves manifestent ostensiblement une appartenance religieuse est interdit. » Il n'y a donc là aucune volonté de discriminer, par une nouvelle police du vêtement, les élèves de confession musulmane. Il existe en revanche la nécessité de rappeler que la laïcité constitue la garantie la plus sûre que l'apprentissage des connaissances essentielles s'accomplira à l'école, sans qu'aucune pression ne vienne en perturber le cours, ou créer les conditions d'inutiles discordes. Ne pas y parvenir ferait des musulmans les premières victimes de ceux dont la haine a toujours été le moteur. On ne répétera jamais assez qu'il faut à la République du courage et de la fermeté pour réussir à prendre tous ses enfants dans ses bras.

Mais la rentrée, pour les élèves et les enseignants, ne saurait se réduire à ce débat sur l'abaya. D'ailleurs, si le gouvernement l'avait suscité, avec pour seul dessein d'occulter le reste des défis auxquels l'école se trouve confrontée, il se serait rendu complice, en vain, d'une bien mauvaise manière. Comment en effet pourrait-il espérer dissimuler les effets de l'inflation, qui placent un grand nombre de familles modestes dans l'incapacité de faire face à l'augmentation de plus de 15 % du coût des fournitures scolaires dont leurs enfants ont besoin, au point qu'émerge sur certains sites de vente en ligne – et de façon inédite – le marché du cartable d'occasion ? On ne saurait davantage faire l'impasse sur la crise des vocations qui affecte depuis de nombreuses années la profession d'enseignant, abîmée à la fois par les effets induits de la révision générale des politiques publiques, l'absence de cohérence des décisions prises pour la formation des professeurs et des maîtres, ou des niveaux de rémunération ayant depuis longtemps occulté leurs mérites. Certes, des décisions de revalorisation salariale sont intervenues récemment, dont on aurait tort de minorer l'importance, mais qui pourraient se trouver amoindries par les efforts supplémentaires qu'on demandera aux professeurs de consentir dans le cadre du « pacte enseignant ». Si cette mesure d'incitation à accomplir « des briques » de tâches nouvelles devait se traduire par une baisse du taux de rémunération des heures supplémentaires accomplies, ou par une dégradation du service public de l'école, on aurait alors contribué à poursuivre la politique qui consiste à annoncer toujours plus de mesures nouvelles, en octroyant à ceux qui sont censés les mettre en œuvre des moyens toujours plus contraints. Et c'est bien là qu'est la pierre d'achoppement du dispositif gouvernemental. Dans le document d'information diffusé aux parents d'élèves au moment de la rentrée scolaire, le gouvernement a souhaité dresser l'inventaire de ses annonces, qu'il s'agisse de la réforme de l'apprentissage de la lecture et de l'écriture en école primaire, du soutien scolaire renforcé en sixième, de la lutte contre le harcèlement, des conditions de remplacement des professeurs dans le second degré, ou des nouvelles ambitions pour le lycée professionnel. Ce déferlement de propositions nouvelles, dans une même séquence politique et médiatique, a pu donner quelquefois le tournis. Il a pu aussi laisser les acteurs de la communauté éducative sur leur faim, certaines promesses faites par le passé, concernant notamment la scolarisation des enfants handicapés, n'étant toujours pas entrées dans les faits faute d'un nombre suffisant de postes d'accompagnants d'élèves en situation de handicap, comme le rappelle pertinemment un récent rapport sénatorial.

L'école doit être réformée. Mais sauf à prendre le risque de compromettre l'avenir des générations futures, réformer ne peut pas vouloir dire reculer, encore moins détruire. Au sein du classement Pisa, la France figure dans la moyenne de l'OCDE pour l'apprentissage des sciences. Sa place s'améliore à peine pour celui de la lecture et de l'expression écrite. Mais malgré des taux de réussite de plus en plus élevés aux examens du secondaire, les inégalités socio-économiques entre les élèves et les établissements persistent, et même se creusent. La réalité est qu'il existe encore dans notre pays une ségrégation scolaire, qui voit des établissements publics, présents dans les quartiers populaires accueillir une grande part des élèves défavorisés. Comment, dès lors, ne pas comprendre que l'égalité des chances soit devenue une rive inaccessible pour les familles les plus modestes ? Il en est de même à l'université, marquée par des conditions inégales de vie et de réussite pour les étudiants. Nous devons donc faire de l'école, de l'éveil au monde, de l'ouverture à la culture et aux cultures la grande affaire d'une France cherchant à se réconcilier avec elle-même et donnant à chacun sa chance. Il faudra pour cela déceler la part de talent ou de potentialité cachée que chacun porte en lui, comme un trésor. C'est aussi parce que le besoin de sens est immense, au cœur même de la nation, que le projet pour l'école est parmi les plus importants du moment. À la fin de sa vie, Edgar Faure méditait sur « l'essentiel de la politique », qu'il ne confondait pas avec « la politique de l'essentiel ». Il disait s'inspirer de son expérience au ministère de l'Éducation. Sagesse d'un autre temps, sans nostalgie.

Crise migratoire : entre fermeture et posture morale existe la voie de la raison

4 octobre 2023

Si la grandeur d'une civilisation se mesure à la disposition de ses élites de n'être pas impressionnées par les nombreux défis que le monde leur oppose, la nôtre, de plus en plus inhibée par ses peurs et nostalgique d'un âge d'or fantasmé, peut légitimement s'interroger sur sa capacité à échapper à son déclin. Je me rappelle qu'entre 2015 et 2016, lorsque la crise migratoire avait jeté sur les chemins de l'exode plus de deux millions de migrants, le monde entier s'était ému à la découverte d'Aylan, un enfant syrien d'origine kurde d'à peine 3 ans, échoué sans vie sur une plage. Une indignation juste avait alors saisi les opinions publiques d'Europe, de laquelle un élan de générosité était né.

Quelques années plus tard, les effets du rebond de la crise migratoire sur le sol européen engendrent des réactions plus brutales, de protection et de rejet. Or, plutôt que de comprendre un tel renversement et de tenter d'y répondre, les gouvernants confortent ses causes en déplorant leurs effets. Le ministre français de l'Intérieur annonce que notre pays n'accueillera pas les migrants de Lampedusa, tout en précisant qu'il ne renoncera pas à examiner la situation de ceux qui auraient besoin d'assistance. La présidente de la Commission européenne,

Ursula von der Leyen, avec à ses côtés Giorgia Meloni, signe avec le régime autoritaire de Tunis, à grand renfort d'argent public européen, un accord destiné à protéger l'Union des flux migratoires. Or, les traitements dégradants et inhumains subis par les réfugiés soudanais, à Sfax notamment, poussent ces derniers à fuir la Tunisie, après avoir abandonné leur sort aux réseaux criminels de la traite des êtres humains dont ils espèrent un sauf-conduit pour accéder jusqu'à nous.

Alors que les négociations européennes, initiées depuis des années, peinent à dégager un compromis qui permettrait d'affirmer une ambition commune – ou à défaut quelques objectifs de protection des frontières extérieures de l'Union européenne et de prise en charge des migrants pouvant prétendre au statut de réfugié –, le sentiment domine d'une absence totale de maîtrise d'une situation devenue potentiellement explosive. Dans un tel contexte, les peuples se divisent et se crispent. Certains, de moins en moins nombreux, s'engouffrent dans le sillage du discours du pape à Marseille et blâment le cynisme des dirigeants européens, ainsi que leur manque d'humanité. D'autres, en revanche, pointent l'incurie de politiques publiques désormais incapables d'anticiper et de maîtriser les flux migratoires, résultat de l'impunité dont bénéficieraient les réseaux de passeurs et des secousses qui ébranlent le continent africain où l'action des pays européens – et particulièrement celle de la France – n'évoquerait rien d'autre, y compris lorsqu'elle permit d'éviter au Sahel de sombrer dans le djihadisme, qu'un constat d'échec. Les mêmes ne manquent pas de souligner l'excessive générosité des législations des pays européens d'accueil, qui feraient « appel d'air ». On pourrait aisément se désoler d'une telle démonstration d'impuissance et se contenter de postures morales si les seules forces politiques en situation de tirer profit de cet état de fait n'étaient pas les plus populistes, et si leurs propositions n'étaient pas de nature à nous enfermer dans une impasse plus grande encore que celle dont les migrants et nous sommes déjà les victimes.

À ceux qui présentent la restauration des frontières nationales et le pushback comme la seule façon pour les nations de reprendre la maîtrise de leur politique migratoire, il faut rappeler que seule une détermination européenne plus forte permettra d'endiguer la pression qui s'exerce de nouveau, depuis quelques semaines, sur l'île de Lampedusa. Le renforcement de la coopération entre l'Union européenne et les pays du G5 Sahel est en effet l'un des moyens d'accéder à une plus grande efficacité dans la lutte contre les organisations criminelles internationales à l'origine de la traite des êtres humains, mais aussi de contenir et dissuader une fraude documentaire devenue endémique et dont les plus vulnérables des migrants finissent toujours par faire les frais. L'approfondissement de la coopération entre les services de police et de renseignement des pays intervenant de part et d'autre de la Méditerranée doit par ailleurs permettre d'accélérer l'identification, la judiciarisation et le démantèlement des réseaux de passeurs au rôle déterminant dans l'organisation des traversées funestes qui depuis des années transforment notre mer en cimetière. Enfin les institutions et les pays de l'Union européenne seraient bien inspirés d'engager des politiques résolues de maintien des migrants sur le continent africain et de réinstallation de ces derniers en cas de reconduite à la frontière, dans le cadre de politiques publiques d'aide au développement et d'accompagnement des projets les plus susceptibles de contribuer à l'essor du continent africain. De ce point de vue, le coup d'État intervenu au Niger compromettra sans doute les initiatives qui auraient pu être prises dans ce domaine, en liaison avec certaines organisations non gouvernementales, à partir d'Agadez.

Enfin, l'Union européenne aurait grand tort de ne pas appuyer, en les assumant davantage, les missions qui incombent à Frontex en matière de contrôle de ses frontières extérieures et dont la bonne exécution n'est en rien contraire aux missions de sauvetage en mer qui incombent à tout navire en cas de risque de naufrage ou de tragédies humanitaires. Dans le même esprit, l'organisation d'une plus grande solidarité entre les pays européens, en vue de l'accueil des migrants susceptibles de bénéficier du statut de réfugiés, suppose leur identification rapide à leur point d'arrivée et la reconduite de ceux qui ne peuvent demeurer sur le territoire européen dans des délais maîtrisés. À défaut d'une telle politique – et d'une harmonisation des politiques de l'asile à l'échelle communautaire –, il y a fort à parier que le camp des populistes, dont chacun constate en Italie la faiblesse des recettes, continuera à prospérer au détriment des valeurs promues par les pères fondateurs de l'Europe, de la démocratie et de la tradition d'accueil des persécutés qui est attachée à l'universalisme de son message. On dira que la position exprimée dans ces lignes n'a pas le simplisme attendu par l'époque et pratiqué par les extrêmes. On peut aussi penser que respecter les citoyens consiste à chercher la vérité et la dire pour agir.

Qualifier le terrorisme et combattre l'islamisme

18 octobre 2023

Qui a le droit ? Qui a le droit de s'infiltrer chez son voisin, de ligoter des femmes et des hommes, ainsi que leurs enfants et leurs nourrissons, de les violenter, les violer, les assassiner ? Qui a le droit d'abattre un déluge de feu, d'éclats, de détonations sur des villages, des villes et leurs populations devenues martyres ? Qui a le droit d'utiliser cyniquement des êtres humains comme des boucliers, autant que comme des cibles, et les infrastructures civiles pour entreposer des armes et lancer des salves de roquettes sur le sol d'un État limitrophe ?

Ce droit n'existe pas. Il ne peut pas exister, car la barbarie revendiquée est la négation même du droit. Il faut dire les choses clairement. Le Hamas est une organisation terroriste islamiste, qui s'est rendue coupable de crimes contre l'humanité, le 7 octobre 2023, sur le territoire d'Israël. Le terrorisme, nous en avons nous-mêmes, sur notre sol, dans notre chair, éprouvé la douleur extrême. Le vendredi 13 octobre, le professeur de lettres Dominique Bernard a été assassiné, comme Samuel Paty l'avait été trois ans auparavant, presque jour pour jour, par la haine que porte en lui le totalitarisme islamiste. Cette détermination à tuer au nom d'une religion, si contraire à l'universalisme français, a semé la désolation et le chagrin au cœur même de notre nation, à Toulouse, à Montauban, à Paris, à Saint-Denis, à Nice, à Magnanville, à Saint-Étienne-du-Rouvray, à Conflans-Sainte-Honorine, à Arras, mais également à Bruxelles, marquant à tout jamais chacune et chacun d'entre nous et mettant à l'épreuve tous ceux qui, en France et en Europe, assument la responsabilité de la protection de nos concitoyens.

Dans le contexte qui prévaut désormais, l'émotion exprimée et les cérémonies d'hommage organisées ne suffisent plus à étancher l'inquiétude et la colère que le pays ressent en profondeur. Il nous faut donc prendre la mesure de la guerre que l'islamisme radical et l'islam politique ont déclarée à tous les défenseurs ardents de la concorde et de la liberté, et armer plus encore la démocratie pour lui permettre de poursuivre son combat contre le totalitarisme.

Dans le même esprit, on ne peut esquisser efficacement les chemins de la paix qu'en se soumettant à un questionnement de principe dépourvu d'arrière-pensées politiques et dégagé de toute allégeance qui interdirait l'expression d'une pensée libre. Le philosophe, sociologue et résistant français Julien Freund a écrit dans sa thèse après la Seconde Guerre mondiale : « C'est l'ennemi qui vous désigne. Et s'il veut que vous soyez son ennemi, vous pouvez lui faire les plus belles protestations d'amitié. Du moment qu'il veut que vous soyez l'ennemi, vous l'êtes. » La pensée est restée célèbre, sans doute parce qu'elle dérange. Je crois que, sur la question du Proche-Orient, il serait temps de considérer cette réflexion, dût-elle être pour nous dérangeante. Le Hamas, qui a désigné son ennemi, sans équivoque, n'exerce rien d'autre qu'une domination de fait sur les Gazaouis, otages d'une fiction politique contrôlée par une faction idéologique d'islamistes absolus. Nul ne peut donc laisser prospérer l'idée que la monstruosité des crimes commis, qui heurte la conscience humaine, soit le ciment des populations de ces territoires. Nul ne peut non plus passer sous silence les attaques dont les populations civiles palestiniennes ont été les victimes après le bombardement de l'hôpital de Gaza, qui a fait plusieurs centaines de morts dans des circonstances qui imposent que la responsabilité des auteurs de ces tirs meurtriers soit établie. Car ceux-ci se sont aussi rendus coupables de crimes qui appellent les condamnations les plus fermes, si toutefois on veut ouvrir un chemin vers la paix.

Après la tragédie du 7 octobre 2023, si Israël cesse de se défendre, il n'y a plus d'Israël. Et si le Hamas cesse son agression, il n'y a plus la guerre. Que le Hamas dépose d'abord les armes et libère les otages odieusement arrachés à leurs familles, qu'il le fasse sans délai, sans condition. Tel doit être l'objectif immédiat de l'action diplomatique de la France et de l'Europe, usant de tous les moyens à leur disposition et de leur influence sur les puissances proches du Hamas. Celles-ci, dont chacun perçoit le cynisme pur, ne pourront pas éternellement soutenir depuis l'ombre la cruauté des tueurs, en les finançant et les armant depuis l'étranger.

En cette matière, une forme de leadership français, à la hauteur de son universalisme, est attendue.

L'affaiblissement de l'ONU dans la résolution des conflits, sa rhétorique tiède qui n'offre jamais de solution claire, est un autre sujet qui devra être mis sur la table. Au Conseil de sécurité, la Chine et la Russie sont des alliés objectifs dès qu'il s'agit d'ignorer les violations massives des droits de l'homme. Chaque conflit se pense désormais dans une perspective globale qui nous dicte un regard lucide sur le jeu de ces puissances autocratiques qui perçoivent les démocraties comme des régimes à déstabiliser et à abattre.

Appeler à la désescalade, plaider pour des solutions concertées, bâtir des accords de paix idéaux, ne suffit pas. Les leaders éclairés pour le faire, d'ailleurs, se raréfient. Nous ne devons pourtant pas désespérer que cette guerre puisse déclencher autre chose que la haine s'ajoutant à la haine, mais une étincelle de raison. Et pour la faire jaillir, nous avons le devoir de fonder nos choix sur l'analyse lucide et sans concession de la réalité présente.

Aujourd'hui, Israël est la seule partie prenante qui soit un État, démocratiquement confirmé. Nous devons parler à Israël en ami, indépendamment des aléas politiques que l'alternance porte là-bas, et d'État à État lui dire ses vérités. Israël devra être capable d'accepter un jour des concessions inconfortables, comme le démantèlement de certaines implantations, à condition que sa sécurité soit définitivement sanctuarisée.

Même si la légitimité de l'Autorité palestinienne reste sans confirmation démocratique depuis quinze ans, la Palestine possède une substance historique. Nous n'avons donc pas d'autre choix que de tout reprendre à zéro, en considérant l'Autorité palestinienne comme l'autre partie du dialogue avec Israël, dans l'esprit de ce que tentèrent les accords d'Oslo. À la tragédie des crimes perpétrés le 7 octobre 2023 s'ajoutent ceux que la guerre, devenue inéluctable, engendre, avec son cortège de haines décuplées venant obscurcir toutes les voies de la paix. Il faudra du temps et du courage pour oser de nouveau plonger une torche dans les ténèbres du fanatisme religieux et libérer toutes les énergies vitales qui nous font aimer irrépressiblement la liberté.

Face aux atrocités de la guerre, le droit, la justice et la paix ne forment qu'un seul mot

22 novembre 2023

Partout dans le monde, les armes parlent. La guerre prend en otage des populations civiles, qu'elle soumet à des traitements inhumains et dégradants. Déjà, il y a quelques années, le conflit syrien avait témoigné de l'extrême cruauté dont un chef d'État pouvait se montrer coupable lorsque, pour se maintenir au pouvoir, il n'hésitait pas à massacrer son peuple, en utilisant contre lui des armes chimiques.

Mais les sévices infligés aux opposants d'un régime corrompu et sanguinaire n'avaient pas suffi, en juillet 2013, à convaincre les États-Unis d'intervenir par des frappes ciblées. La Cour pénale internationale (CPI) s'était alors, bien malgré elle, déclarée impuissante à se saisir du cas de Bachar al-Assad et de ses complices, la Syrie n'ayant pas ratifié son statut et certaines puissances – notamment la Russie et la Chine – s'opposant, par leur veto, à l'adoption d'une résolution des Nations unies permettant l'incrimination du gouvernement syrien.

Au Sahel, la dissémination des groupes terroristes dans la plupart des pays où dominent à la fois l'instabilité politique et les coups d'État a longtemps laissé sans défense des populations vulnérables, subissant viols et assassinats, notamment des milliers d'enfants, réduits à l'esclavage par les exactions de Boko Haram. Saisi par Amnesty International le 11 décembre 2020, le bureau du procureur de la CPI a annoncé qu'il s'apprêtait à boucler une enquête préliminaire de plus de dix ans, conduite en vue de documenter les crimes contre l'humanité et les crimes de guerre commis par l'organisation terroriste et les forces de sécurité nigérianes.

À son rythme, mais de façon résolue, l'action publique internationale s'est mise en mouvement pour que la justice établisse les faits et condamne leurs auteurs. Le droit, dans toute sa rigueur, a allumé une petite lumière dans une région que des années d'atrocités, perpétrées par l'islamisme, avaient plongée dans les ténèbres.

La guerre en Ukraine a conduit la CPI à faire évoluer plus nettement encore sa doctrine, lorsque le procureur Karim Khan a fait part de sa décision d'ouvrir des enquêtes en vue d'engager rapidement des poursuites en réponse aux crimes commis par la Russie contre les populations civiles ukrainiennes. Dès le mois de mars 2023, la Cour a lancé un mandat d'arrêt contre Vladimir Poutine et sa commissaire aux droits de l'enfant, Maria Lvova-Belova, pour la déportation et le transfert forcé d'enfants ukrainiens vers la Russie, envoyant ainsi le signal aux dirigeants de la planète qu'ils ne bénéficieraient d'aucune impunité – fussent-ils à la tête de pays siégeant au Conseil de sécurité des Nations unies et disposant de l'arme nucléaire.

Dans un contexte particulier, où le terrorisme et la guerre ressurgissent, envoyant au monde entier des images d'une cruauté rappelant les heures les plus sombres de l'histoire de l'humanité, au moment où, par ailleurs, la conviction s'ancre de l'incapacité du droit international à s'opposer à la violence engendrée par les ambitions folles des puissances, une lueur d'espoir vient éclairer le chemin de tous ceux qui, à travers le monde, agissent en militants de la paix.

Les crimes commis par le Hamas le 7 octobre dernier ont ajouté à la liste des monstruosités dont les humains savent se montrer capables lorsque le fanatisme détruit en eux tout sentiment d'altérité. On ne dira jamais assez que la paix ne se décrète pas face à la violence extrême des organisations terroristes, qui cherchent à atteindre leur but politique en plongeant dans l'effroi des populations, et parfois même des peuples.

Pour le Hamas, qui a tué et torturé des civils et qui menace la vie d'otages, le fanatisme religieux ajoute à la haine de l'universalisme dont nous sommes, depuis plus de deux siècles, les héritiers autant que les porte-drapeaux. Si l'on est attaché à voir la paix constituer l'issue d'une guerre abjecte, on ne peut renvoyer dos à dos l'État d'Israël, démocratie menacée dans son existence même, et le Hamas, mouvement terroriste entièrement tourné vers l'assouvissement de sa haine fondamentale des juifs.

Les esprits les plus raisonnables opposeront à cela, et ils auront raison, que des victimes civiles tombent en nombre à Gaza, et que la situation humanitaire rend plus insupportables encore les souffrances endurées par les populations civiles gazaouies.

Il est donc impératif que la communauté internationale agisse avec suffisamment de discernement pour exiger des Israéliens et des Égyptiens qu'ils rendent possibles l'action des organisations humanitaires, et que le camp de la paix se donne les moyens d'atteindre ses objectifs. Si cette ambition paraît pour l'heure inaccessible, elle n'est pas pour autant chimérique, si toutefois on accepte que la logique du droit se substitue peu à peu, dans les esprits et dans les cœurs, à celle déraisonnable de la violence.

Dans une tribune récemment publiée par le quotidien *Le Monde*, le procureur Karim Khan dénonce « la pandémie d'inhumanité » qui semble s'être emparée du Proche et du Moyen-Orient, tout comme notre « incapacité à conférer la moindre valeur à la vie de nos semblables ». Et de rappeler que « la Palestine ayant adhéré au statut de Rome en 2015 – traité qui a créé la Cour pénale internationale –, toutes les parties du conflit à Gaza et en Cisjordanie doivent se conformer au droit humanitaire international, que la CPI s'engage à faire respecter ».

Dans un réquisitoire implacable fondé sur ces règles fondamentales qui permettent la protection de ceux que la violence expose aux souffrances les plus insoutenables, le procureur redit sa foi dans la défense des droits de l'homme. Elle pourrait, selon lui, devenir une réalité pour les habitants de Gaza, de Cisjordanie et d'Israël. Pour nous en convaincre, Karim Khan rappelle avec justesse quelques principes dont tous les responsables politiques auraient raison de s'inspirer : le premier est que la prise d'otages et les crimes commis par le Hamas violent toutes les Conventions internationales, ces atrocités relevant des qualifications les plus graves, notamment de celle de crime contre l'humanité. Le second est que l'État d'Israël ne saurait se soustraire à ses obligations juridiques et morales dans la guerre qu'elle mène contre le terrorisme, telles qu'elles résultent du droit des conflits armés, du statut de Rome et des conventions internationales. L'accès à l'aide humanitaire et la protection des populations civiles ne sauraient, de ce seul fait, être négociables.

Il y a dans les propos du procureur de la CPI une sagesse qui n'est pas encore une solution, mais qui constitue la seule voie possible d'un règlement, à terme, d'un conflit qui n'a que trop duré et qui ne peut qu'alimenter des haines inextinguibles. On trouve ainsi dans la passion du droit et de la justice, que la CPI ne porte pas seule, mais que nous sommes trop peu nombreux à soutenir, la seule source possible d'espérance et de paix. C'est vers ce chemin de crête qu'il nous faut désormais orienter la lumière.

Stopper le déclassement des classes moyennes est indispensable à la cohésion de la nation

6 décembre 2023

Parmi les dangers qui menacent la cohésion de la nation et qui fragilisent l'adhésion des citoyens aux institutions démocratiques, le déclassement des classes moyennes est celui qui devrait le plus nous alerter. En France, la politique entretient avec la sociologie un dialogue singulier, dont l'écho qui se perd contribue parfois à l'altération de notre lucidité. De cette réalité, nos institutions politiques, de plus en plus contestées, et notre cohésion sociale, de plus en plus fragmentée, commencent à faire dangereusement les frais.

Déjà pour Alexis de Tocqueville la société démocratique présentait une caractéristique essentielle : la fin de l'hérédité sociale, propre à l'ordre figé de l'Ancien Régime. Le projet démocratique, et plus tard la promesse républicaine qui en constitua la feuille de route, se fondait sur l'idée juste et simple que l'égalité juridique et politique des citoyens ouvrirait un chemin, jusqu'alors inaccessible, à la mobilité sociale. La possibilité pour chacun d'un avenir meilleur entretenait l'espérance, contribuant à rendre acceptable, dans l'immédiat, un système où demeuraient pourtant des classes sociales hiérarchisées. Dans une société encore très inégalitaire, tout devenait possible pour quiconque confiait à l'école ses enfants, dans le seul but de faire valoir leurs mérites. Moins d'un siècle après que Tocqueville eut écrit *De la démocratie en Amérique*, et grâce à l'avènement de la IIIe République, le dessein collectif d'une société plus égalitaire, offrant à chaque individu sa chance, prospérait toujours. Il donnait corps à l'idée qu'une immense classe moyenne ferait bénéficier la démocratie libérale d'une base sociologique assurant sa stabilité, mais aussi sa perfectibilité.

Dans le régime bipolarisé des débuts de la Ve République, chaque président élu, par-delà les ancrages partisans, et avec ses mots, s'employa à entretenir l'ambition d'une société de progrès pour tous, dont le but politique était de conforter la majorité au pouvoir, naturellement soucieuse d'élargir sa base sociale et électorale : le rassemblement des Français, cher au général de Gaulle, ne poursuivait pas d'autres fins. L'industrialisation du pays à marche forcée, sous le mandat de Georges Pompidou, aspirait à l'élévation du niveau de vie des Français, tout comme la modernité proclamée, et à maints égards manifeste, du président Giscard d'Estaing. Dans son célèbre livre *Démocratie française* publié en 1976, le jeune président ne préconisait-il pas, deux ans après son élection, le rassemblement de deux Français sur trois ? Quant à la gauche – qui avait longtemps témoigné de son attachement au concept marxiste de la lutte des classes –, elle opéra, au début des années quatre-vingt, un judicieux tournant idéologique et stratégique. En effet, lorsque François Mitterrand évoqua, dans son discours d'investiture en mai 1981, l'héritage de ses prestigieux devanciers, Jaurès et Blum, mais aussi celui de la Libération et du programme du Conseil national de la Résistance, il commença par reconnaître que « la majorité politique des Français démocratiquement exprimée [venait] de s'identifier à sa majorité sociale ». On ne pouvait mieux suggérer que la lutte des classes ne relevait plus « des Tables de la Loi ». Le socialisme français entendait inscrire ses pas dans ceux de la démocratie libérale en préférant l'avènement d'une large classe centrale et populaire, dont il disait vouloir répondre aux aspirations, par un puissant programme de réformes pour la justice sociale. Plutôt que d'entretenir la conflictualité de classes, au risque de se trouver emportée par son tumulte, la gauche affirmait sa préférence pour le progrès et l'apaisement de la société.

Plus de quarante ans ont passé. Si le populisme marque des points désormais en France, mais aussi dans l'ensemble des démocraties occidentales, si différentes formes de radicalités avancent leurs pions, en donnant parfois le sentiment d'être devenues idéologiquement dominantes – notamment à gauche –, c'est que notre modèle politique ne fonctionne plus, et que l'expérience du déclassement s'enkyste au sein même des classes moyennes et populaires. Une récente enquête de l'Ifop, initiée par la Fondation Jean-Jaurès et l'agence Bona fidé, dresse l'implacable tableau du mal-être de nos concitoyens, confrontés à la résurgence de l'inflation et à ses effets sur leur pouvoir d'achat. Certes, « la classe moyenne reste une définition attractive et valorisante pour une large majorité des Français », mais une forme de résignation s'installe, voire de désabusement devenu désespérance. L'étude démontre d'abord que la part de ceux qui constituent la classe moyenne inférieure a progressé de près de 10 %, engendrant une diminution, dans les mêmes proportions, de la classe moyenne dite véritable. Désormais 70 % des Français ont le sentiment d'être relégués parmi les citoyens les plus modestes et défavorisés du pays, ce qui correspond à une progression de 13 % en un peu plus de dix ans. Par-delà les statistiques, qui ne rendent compte qu'imparfaitement du décrochage, les conditions de vie des plus vulnérables n'ont cessé de se dégrader au cours des dernières années, les obligeant à renoncer aux loisirs, au logement décent, et parfois même à un repas par jour.

L'injustice sociale et les frustrations qu'elle engendre nourrissent le ressentiment. Ceux que le travail a maintenus dans l'activité ne sont plus désormais garantis de pouvoir préserver leur place au sein de la société. Travailleurs pauvres, ils ne sont ni des nantis ni des attributaires de la solidarité nationale. Beaucoup d'entre eux souffrent de ne pas pouvoir faire bénéficier leurs enfants de la promesse républicaine, celle d'une vie meilleure à venir, au terme d'années d'efforts et de labeur. Une perte profonde de sens superpose alors aux blessures de l'injustice la perception toujours révoltante de l'abandon. Lorsque le sentiment de relégation territoriale vient s'ajouter à celui du déclassement, la légitime frustration se mue en colère, puis en votes d'adhésion au populisme. La politique fiscale avantageuse, menée depuis 2017, au bénéfice de ceux que la fortune a comblés depuis l'origine, la théorisation de la politique du ruissellement comme lot de consolation consenti avec condescendance à « ceux qui ne sont rien », auront fini de convaincre que la mondialisation n'est pas seulement un processus s'imposant à des États devenus impuissants, mais qu'elle est aussi le résultat de leur politique. D'autant que jamais l'écart de PIB par habitant entre l'Europe, la France et les États-Unis n'aura été aussi inquiétant, qu'il s'agisse du financement de la solidarité et des investissements dans la transition écologique ou numérique. Décrochage individuel, décrochage collectif, telle est la réalité vécue par la majorité sociale et politique du pays, par-delà les catégories socio-économiques et les appartenances partisanes.

L'appel à l'unité de la nation sonnera faux aussi longtemps que la République ne rétablira pas sa promesse d'égalité et de justice. Entretenir la radicalité en substituant la colère à l'espérance serait dans ce contexte une folie, dont l'issue se traduirait par la fracturation de la nation. Dans un pays où la dépense publique atteint près de 55 % du produit intérieur brut et où les services publics sont à la peine, il y a urgence à refonder le pacte républicain qui, en France, est indissociable du retour à l'efficacité de l'État-providence.

En 2024, l'Europe, plus que jamais, devra garantir sa sécurité

20 décembre 2023

Les élections européennes du mois de juin prochain se préparent dans un contexte géopolitique incertain, qui menace partout la paix. À l'occasion du Conseil européen des 14 et 15 décembre derniers, et face à la guerre déclenchée par la Russie à ses portes, l'Union européenne a pris une décision géostratégique majeure en engageant les négociations pour que l'Ukraine et la Moldavie la rejoignent. Certes, les chefs d'État et de gouvernement ont échoué à adopter une nouvelle aide en faveur de l'Ukraine, du fait de Viktor Orbán : le déblocage d'une partie des fonds gelés en raison de la connivence assumée du leader hongrois avec Vladimir Poutine et de ses multiples manquements aux traités n'aura pas suffi à dégager un accord sur ce point. Mais pour l'heure, et non sans mal, l'Europe tient son cap, et il faut tout faire pour que cela demeure. Tenir face aux désordres géopolitiques est d'autant plus nécessaire que, pour la première fois depuis les premières élections du Parlement européen au suffrage universel en 1979, le multilatéralisme vacille et la guerre gronde.

Le premier des défis auxquels l'Europe doit faire face concerne donc sa sécurité.

Sur la question du conflit déclenché par l'attaque terroriste du Hamas contre Israël, l'Union européenne, en raison des divisions profondes entre ses États membres, a peiné à définir une position unitaire, et dès lors à promouvoir une parole distincte et audible, au regard des initiatives prises par l'administration Biden et certains pays de la Ligue arabe. À défaut d'une stratégie claire, elle n'est pas parvenue à formuler une contribution pour la paix. Le risque d'exportation des tensions nées de la crise au Moyen-Orient dans certains pays européens a pu par ailleurs donner le sentiment de gouvernements tétanisés par la crainte de se trouver en prise avec de vives tensions. La perspective d'une solution à deux États, telle qu'elle avait été esquissée dès la déclaration de Venise en 1980, et par François Mitterrand à l'occasion de son discours lumineux prononcé à la Knesset en mars 1982, ne semble plus suffire à constituer la feuille de route des pays de l'Union. Certes, le contexte a changé, qui rend le but plus difficilement accessible désormais, mais cela ne suffit pas à expliquer que la France ait perdu sa boussole, au point d'avoir commencé par envisager l'intervention d'une improbable coalition à Gaza aux côtés d'Israël pour finir par tancer les dirigeants de cet État pour s'être engagés seuls dans cette voie. Sur une question aussi grave, et sans négliger l'extrême complexité du contexte, l'Europe affiche son impuissance à jouer le rôle qui la rendrait utile pour la sécurité et la paix dans le monde, mais aussi pour elle-même.

La crise ukrainienne expose directement l'Union européenne aux ambitions de puissance de la Russie. En dépit de l'unité et de la fermeté qu'elle a manifestées en adoptant à l'unanimité douze trains de sanctions, et ce malgré les réticences de la Hongrie, elle n'est pas encore parvenue à définir les modalités du renforcement d'une identité européenne et de sécurité au sein de l'OTAN. Pourtant, seule cette voie lui permettrait de se protéger plus efficacement des effets, sur la défense de ses intérêts, d'une éventuelle réélection de Donald Trump. Dans cette hypothèse, le lien transatlantique pourrait connaître de nouveaux avatars, qui obligeraient l'Europe à ne plus compter que sur elle-même pour garantir sa sécurité. En effet, face à la guerre qui gronde à ses portes, le renforcement des standards d'une coopération opérationnelle renforcée entre les pays du continent européen, membres de l'OTAN, mais aussi avec ceux, plus à l'est de l'Union, qui manifestent désormais leur intérêt pour y adhérer, s'impose comme une urgence. Les tergiversations de la France sur la construction de l'Europe de la défense, à réaliser selon elle hors le cadre de l'OTAN, deviennent de ce fait dérisoires. Certes, sur ce sujet, la position française semble avoir évolué. Considérée par le président Macron, il y a quelques mois seulement, comme une organisation « en situation de mort cérébrale », l'OTAN apparaît désormais plus raisonnablement comme la seule enceinte au sein de laquelle la relation franco-allemande parviendra à jouer son rôle d'entraînement. Il faudra pour cela que l'Allemagne accepte des partenariats industriels plus équilibrés que ceux qui ont présidé au débat sur la réalisation du système de combat aérien du futur (SCAF). La France devra, quant à elle, tenir les objectifs de la loi de programmation militaire, qui marque un effort louable d'adaptation de nos armées au contexte nouveau de la guerre de haute intensité, mais aussi à l'évolution du contexte géopolitique, qui nous oblige à renforcer notre position en zone indo-pacifique où la tension sino-américaine présente à nous de nouveaux défis.

On ne saurait davantage passer sous silence les enjeux liés à la politique migratoire, dont l'efficacité dépend pour partie des moyens déployés par l'Union européenne, qu'il s'agisse de la capacité de Frontex à garantir la protection de ses frontières extérieures – car tel est bien, pour partie, son mandat – ou de la mutualisation des informations contenues dans le système d'information Schengen, sans lequel l'Europe ne serait plus en mesure de se protéger du risque terroriste et de l'action des organisations criminelles internationales, qui sont notamment à l'origine de la traite des êtres humains. Enfin, après les coups d'État au Mali, au Niger et au Burkina Faso, qui ont provoqué la dissolution du G5 Sahel, il est essentiel de rebâtir des formes de coopération régionale pour lutter plus efficacement contre la fraude documentaire, les trafics et le terrorisme, qui continuent de menacer la sécurité de l'Union européenne.

La relation de l'Europe à l'acquis communautaire – c'est-à-dire aux valeurs démocratiques, incluant le respect des principes d'un état de droit – s'altère peu à peu, au grand bénéfice des formations populistes. Un discours se fait de plus en plus entendre, y compris en France, pointant la responsabilité de la Cour européenne des droits de l'homme et celle de la Cour de justice de l'Union européenne dans l'impuissance des États à défendre leurs intérêts souverains, en matière de sécurité notamment. La récente décision du Conseil d'État obligeant la France à rapatrier sur son sol un individu qu'elle avait expulsé pour des raisons liées à sa possible dangerosité au motif qu'elle n'avait pas respecté la Convention européenne des droits de l'homme a encore ajouté à la confusion. Or, ce n'est pas à un État de droit qu'il convient d'imputer les défauts de l'Europe, telle qu'elle est, mais à l'insuffisante pondération dans ses politiques et ses règles des enjeux de protection et de sécurité, alors qu'il est essentiel aujourd'hui de les adapter à une réalité plus dure et plus éprouvante pour les peuples.

Ne pas se saisir de ces enjeux, au cours des prochains mois, pour sauver l'Europe des risques qui se présentent à elle, reviendrait à la livrer aux forces politiques qui lui sont hostiles. Celles-ci, plutôt que de céder à la tentation de la défaire en la quittant, se proposent désormais de l'investir pour la priver de sa capacité à agir. Attention, le péril est devenu imminent, qui appelle une lucidité et un sursaut.

Les leçons de Jacques Delors

3 janvier 2024

J'ai appris la disparition de Jacques Delors au moment où j'achevais la lecture du très beau roman de Joseph Kessel *Les Mains du miracle*. L'Europe y apparaît comme plongée dans la nuit. Du continent des arts, des lettres et des sciences, ne demeure alors que la technique réduite à un projet mécanique d'extermination des juifs, et l'écrivain-résistant en profite pour nous rappeler que le progrès ne tient sa promesse que guidé par la sagesse et la conscience morale et universelle de l'humanité.

Pour la génération qui a souffert de la Seconde Guerre mondiale, la paix et la démocratie ne se conçoivent pas sans un grand projet pour l'Europe. Par-delà les pères fondateurs qui surent donner l'impulsion initiale et décisive, Jacques Delors demeurera, avec François Mitterrand et Helmut Kohl, parmi les militants européens les mieux inspirés de sa génération. De l'empreinte qu'il laisse et que le temps n'effacera pas, il nous faut retenir les leçons, en demeurant fidèles à l'héritage d'une grande famille de pensée et d'action.

Le premier enseignement concerne l'Europe elle-même, son fonctionnement, et le rôle que la France peut y jouer. Pour Jacques Delors, elle ne pouvait progresser que de façon pragmatique, à travers une succession de compromis tenant compte des rapports de force en présence, et préservant le couple franco-allemand de toute tentation de domination ou d'arrogance. C'est en vertu de cette méthode, et avant même qu'il ne se trouve désigné à la présidence de la Commission, que l'Europe parvint à sortir de l'impasse où les exigences britanniques et la question des excédents agricoles l'avaient placée. Ce fut là une étape décisive, franchie en 1984 à l'occasion du sommet de Fontainebleau. C'est également par les effets d'une action persévérante, concertée et résolue qu'il fut possible, à travers l'Acte unique, de transformer la Communauté économique européenne en un marché intérieur, aux règles progressivement harmonisées et préfigurant l'Union économique et monétaire.

L'équilibre doit en toutes circonstances prévaloir – c'est là un autre enseignement – entre les impératifs d'efficacité économique et les objectifs de justice sociale. Alors qu'il avait quitté depuis longtemps la présidence de la Commission européenne, Jacques Delors, en social-démocrate européen qu'il entendait demeurer, se plaisait à rappeler que l'Europe devait avancer sur ses deux jambes, l'une économique et l'autre sociale. La France, qui avait mis en œuvre le programme du Conseil national de la Résistance, au sortir de la guerre, était légitime à le rappeler, sans trêve ni pause.

Le troisième enseignement est qu'un pays qui aspire à compter en Europe ne peut, en aucun cas, s'affranchir des règles communes qui le lient à toutes les autres nations de l'Union. Ce que les plus réfractaires au projet européen qualifiaient péjorativement de « discipline » n'était, aux yeux de Jacques Delors, que la part des obligations nous incombant. C'est en vertu de cette vision qu'il milita en 1983 pour que la France demeurât au sein du serpent monétaire européen et qu'elle consentît, pour ce faire, aux efforts nécessaires en engageant le redressement de ses comptes publics, sans renoncer pour autant à ses ambitions de justice sociale. Face à ceux que Pierre Mauroy avait appelés les « visiteurs du soir », il obtint du président Mitterrand un arbitrage décisif pour que la France n'abandonnât pas son destin européen et que les socialistes français ne rompissent pas définitivement avec le réalisme économique et l'esprit de responsabilité.

Enfin, lorsque nous eûmes l'occasion d'évoquer son parcours et que Jacques Delors me fit parfois le récit de ses combats passés, avec l'humilité profonde qui le caractérisait, je fus frappé par la modernité de ses approches et la profondeur des valeurs et des analyses qui constituaient son legs, destiné aux générations futures. Très tôt dans sa vie, la fréquentation des organisations de la jeunesse chrétienne, son goût du travail, ses facultés intellectuelles incontestables, sa recherche inlassable du juste équilibre et de la vérité, lui firent préférer la rigueur intellectuelle aux facilités de la politique, dont finalement, il se méfiait. Sa liberté d'esprit et de ton l'aidait peut-être à apprivoiser sa solitude. Sans doute savait-il, au plus profond de son être, que la discipline dictée par son tempérament n'avait pas de prix, puisque rien à ses yeux ne pouvait mieux rehausser l'exercice du pouvoir que la plus grande sincérité. S'il admira Pierre Mendès France, il fit sienne la logique profonde des institutions de la Ve République dont il s'employa, notamment lorsqu'il chemina au côté de Jacques Chaban-Delmas, à corriger la verticalité en donnant à la démocratie sociale et aux corps intermédiaires un rôle dont on serait bien inspiré de les réinvestir. À l'issue des Assises du socialisme à l'automne 1974, il apporta un soutien sans faille à François Mitterrand, dont il fut l'un des plus sûrs compagnons de route. Aux ruptures et aux tensions, il préféra le plus souvent les compromis, non par aversion du risque, mais par conviction que la plus grande audace est toujours fille de la sagesse. Modéré, il le fut, au point de considérer, lorsque la question de sa candidature à l'élection présidentielle se posa, qu'il était sans doute trop atypique pour certains de ses amis politiques, dont il connaissait les possibles emportements. Pourtant, la famille socialiste l'admirait, autant que lui cherchait à bien la servir. Mais dans la conception élevée qu'il avait de la politique, le sens de l'action collective le poussait à s'interroger sur la meilleure manière d'être utile, modestement, là où tant d'autres, dont il connaissait les travers et la fatuité, cherchaient à faire la démonstration qu'ils étaient indispensables. Il y eut, dans la discrétion dont Jacques Delors se montra capable, jusqu'à l'effacement, une ultime leçon donnée à une génération égotiste. Dans sa recherche constante et jusqu'au bout de la juste position, avec une vivacité intellectuelle qui forçait l'admiration, il aborda tous les sujets de notre temps, de la préservation de la vie sur la planète à la réduction des inégalités, avec un sens aigu de la justice sociale et une ardente volonté de transmettre ce qui avait fait l'unité de sa vie et la puissance de son engagement : une foi inébranlable en l'humanisme européen, si indissolublement lié à celle du chrétien et aux espérances du docteur Kersten, le héros du roman de Joseph Kessel, qui aspirait à sauver l'humanité de la guerre globale et du totalitarisme le plus abject.

Au-delà du remaniement, la droite absolue

17 janvier 2024

Plus nouveau par sa tête que renouvelé dans son tout, le gouvernement dernièrement nommé porte la marque, selon certains observateurs, d'un tournant décisif du second quinquennat d'Emmanuel Macron, orienté désormais plus à droite. Les nominations de personnalités proches de l'ancien président Nicolas Sarkozy et la main qu'il y aurait prêtée en seraient le témoignage, confirmé par la démission ou le limogeage des ministres venus de la gauche.

Il en serait donc fini du « en même temps », promesse d'un nouveau monde rompant avec le sectarisme, l'excessive bipolarisation de la vie politique et les travers des vieux kroumirs des temps jadis. La désignation d'un Premier ministre, dont on aurait grand tort de se plaindre de la jeunesse, de l'énergie et du talent, signerait de surcroît une détermination républicaine faite d'autorité et d'action. Les déplacements en nombre de Gabriel Attal depuis sa désignation, sur tous les sujets et en tout point du territoire national, ont sans doute été conçus pour convaincre d'une résolution à agir, que le pays n'aurait jamais connue, et qui érigerait sa personne et son style en digue insubmersible face à l'ascension continue du Rassemblement national. La popularité de certains chefs de la formation d'extrême droite, dont celle de son jeune président, aurait présidé au choix du chef du gouvernement et à sa stratégie. Dans un pays qui accuse une dette de plus de 3 000 milliards d'euros et des déficits encore abyssaux, les ministres, réunis désormais en conseil dans le Salon vert de l'Élysée où il est d'usage que le président de la République convoque ses collaborateurs, auraient reçu l'instruction d'être des révolutionnaires déchaînés plutôt que des gestionnaires éclairés.

Il y a derrière le voile de cette mise en scène du changement de gouvernement tous les artifices de la communication politique à l'œuvre depuis sept ans et qui permet à l'actuel pouvoir de poursuivre sans trop d'obstacles sa fuite en avant, faute d'une opposition républicaine crédible pour en limiter les risques et les effets.

Pour ce qui relève de l'autorité de l'État – thème sur lequel le pouvoir s'exerce à faire ses gammes –, chacun s'accordera à reconnaître qu'un remplacement à Matignon ne suffira pas à la rétablir. Le mal est désormais trop profond, et les Français sont trop conscients des divisions qui minent la nation pour qu'on se laisse aller à de tels songes.

L'autorité des gouvernants puise d'abord à la source de la confiance qu'ils inspirent, de la constance dont ils se montrent capables, de la sincérité qu'ils mettent en toute chose – et d'abord dans leurs propres convictions –, mais aussi du respect dans lequel ils tiennent le peuple. De toutes ces conditions réunies dépend la possibilité de maintenir, dans les circonstances les plus graves, la nécessaire cohésion du pays. On dit par exemple, et à juste raison, vouloir refaire de l'école le creuset du vivre-ensemble, le lieu de l'apprentissage des règles communes, de la reconnaissance de l'autorité des savoirs et de la laïcité (un principe intangible dans la République). Mais il faudrait, pour y parvenir, ne pas avoir nommé des ministres de l'Éducation aux options résolument incompatibles et même adverses, comme l'a montré le passage de témoin entre Jean-Michel Blanquer et Pap Ndiaye, dans des conditions rendant illisibles la ligne et le projet. Il faudrait aussi avoir suffisamment de considération et d'ambition pour l'école publique et ses professeurs pour ne pas commencer par les mettre en cause en louant les vertus de l'enseignement privé, au moment où les enseignants, dont la formation et les conditions de travail ont été dégradées, aspirent à la valorisation de leur mission et à la reconnaissance des difficultés qu'ils éprouvent dans l'exercice de leur métier.

L'autorité ne va pas non plus sans la justice. Or, les décisions fiscales mises en œuvre depuis 2017 ont privé les collectivités locales des moyens qui leur permettaient de conforter les grands services publics de proximité et les politiques de solidarité au bénéfice des plus vulnérables des Français, dans un contexte où les plus riches des contribuables se voyaient gratifiés d'allègements fiscaux, représentant plusieurs dizaines de milliards d'euros. On ne peut non plus rétablir l'autorité de l'État si ses dirigeants demeurent sourds à la volonté des Français, lorsque ceux qui ont travaillé tôt dans les métiers les plus pénibles se trouvent privés de la possibilité de pouvoir partir en retraite dignement. En même temps que pour des millions de salariés, la réforme des retraites demeurera comme une blessure infligée aux corps intermédiaires, dont le rôle aura été constamment abaissé au motif qu'ils constituaient un obstacle à la volonté de gouvernants prétendant être seuls détenteurs de ce qui est bon pour la France.

Enfin, il est illusoire de penser que l'autorité de l'État sera d'autant plus grande que son exercice sera plus concentré. L'atrophie du pouvoir est la source de sa dégénérescence et de la perte de sa puissance symbolique. Montesquieu pensait à juste titre que l'amour du droit et de la liberté suppose que, par la disposition des choses, le pouvoir arrête le pouvoir. Il y avait, au cœur de cette pensée, une sagesse désormais perdue. L'art de gouverner n'est pas compatible avec la présentation de lois au Parlement dont le pouvoir dit lui-même douter de la constitutionnalité. La phobie du gouvernement des juges ne peut en aucun cas conduire les gouvernants à afficher, par de multiples provocations, le mépris dans lequel ils les tiennent. La reconnaissance politique du rôle du gouvernement doit interdire de ravaler ceux qui le composent au rang de collaborateurs. Et le Parlement ne peut devenir, sous l'effet de jeux qui rappellent les pires heures de la IVe République, un théâtre d'ombres, lorsqu'il n'est pas de boulevard. Car, avec le recul du temps, ce qui aura dominé la période, c'est bien l'instillation dans les institutions héritées du général de Gaulle de l'esprit et des mœurs de celles qu'il avait si ardemment combattues. On voit depuis des mois le désordre et la fragilité se substituer au cadre politique qui avait apporté stabilité et force à la France depuis 1958, au fil des alternances, des crises intérieures et des tourments du monde. C'est à ce jour la seule marque de l'actuel pouvoir dans l'histoire du pays.

On prétend donc à tort que la politique du nouveau gouvernement le positionnerait plus à droite que ceux qui l'ont précédé. C'est une erreur de le penser. Il l'est tout autant, mais cette fois il l'assume. Sans pour autant nous indiquer la direction…

Il n'y a pas d'agriculteurs sans production

31 janvier 2024

La crise que traverse l'agriculture européenne est profonde. Elle n'épargne pas notre pays et suscite un large soutien à la cause des agriculteurs et des éleveurs. Par-delà nos frontières, elle révèle l'incapacité des nations, mais aussi celle des institutions communautaires, à prendre la mesure des difficultés vécues par les paysans. Leur colère vient de loin. Elle n'est soudaine qu'en apparence.

Partout en Europe, les manifestations d'agriculteurs expriment le désespoir d'une profession qui peine à vivre de son propre travail et dont l'appauvrissement continu constitue désormais un véritable défi politique et social. À la détresse s'ajoute l'incompréhension lorsque les efforts consentis sans relâche par les agriculteurs pour produire mieux et garantir notre souveraineté alimentaire ne les épargnent pas du mépris dans lequel nombre d'acteurs publics et privés – et d'abord les groupes de la grande distribution – les tiennent.

Il est vrai que les opinions, traversées par des injonctions paradoxales, les rendent souvent coupables de la dégradation du climat et de la biodiversité, alors même qu'elles exigent une agriculture plus enracinée dans les territoires et offrant des produits de meilleure qualité. Mais de tels résultats ne peuvent être atteints sans effort ni soutien. Sans doute existe-t-il aujourd'hui, parmi les paysans, le sentiment d'un double langage, dont les gouvernements européens ont souvent usé et abusé. Face à la révolte qui gronde, on annonce des mesures, dans la précipitation, et à grand renfort de déplacements improvisés dans les campagnes ou sur les routes, afin d'apaiser les inquiétudes. Devant les caméras, les paroles sont généreuses et les mines débonnaires à l'égard de femmes et d'hommes qui ne parviennent plus à vivre de leur travail, et on défait, par des décisions nationales adoptées dans la confusion la plus grande, ce qu'on avait contribué à faire à Bruxelles, en se déclarant intraitable sur le respect et la mise en œuvre de nouvelles normes environnementales.

Ainsi, à Vilnius, on a vu le gouvernement prendre subitement conscience des conséquences pour les paysans lituaniens de l'augmentation des droits d'accise sur le gaz de pétrole liquéfié, de la suppression du taux d'accise réduit pour les engins agricoles, de l'obligation d'instaurer des prairies permanentes ou d'étendre les zones protégées, au moment où l'effondrement du prix des produits laitiers asphyxiait des exploitations depuis longtemps à la peine. En Roumanie, cédant à la démagogie et au cynisme, un ministre a exigé la démission du commissaire européen à l'agriculture, Janusz Wojciechowski, avant de rétablir des aides par tête de cheptel et une partie de l'exonération de la fiscalité jusqu'alors applicable au diesel. Quant à la France, elle participe de cette stratégie de la volte-face permanente qui, en vertu de la sacro-sainte théorie du « en même temps », la conduit à préconiser tout et son contraire selon les lieux ou les moments où l'on parle, abandonnant les agriculteurs à leurs doutes et à leur solitude.

Face à un destin dont ils ne sont plus maîtres depuis longtemps, les paysans français sont désormais dans la défiance à l'égard de leurs gouvernants, dans un contexte politique où les démagogues, le plus souvent hostiles à l'Europe, se taisent ou se tiennent aux aguets. À Paris, le président de la République, toujours prompt à préconiser la grande pause normative au motif que le temps serait enfin venu d'arrêter « d'emmerder les Français », appelle à la reconduite au Parlement de députés, ceux de sa formation politique, qui furent les seuls à voter l'accord de libre-échange avec la Nouvelle-Zélande qui ouvrira le marché intérieur européen à l'importation de lait en poudre en provenance du bout du monde. Parmi ces derniers, on compte les plus enclins à l'inflation normative, ce qui serait anecdotique si les règles nouvelles étaient praticables et si elles procédaient d'une vision d'ensemble, permettant la transformation progressive et soutenable de l'agriculture vers un modèle plus écologique et durable. On cherchera en vain la cohérence de la politique conduite par la France à Bruxelles lorsqu'on la verra s'opposer, à juste titre cette fois, à l'accord de libre-échange avec le Mercosur qui, pour être inspiré par la même philosophie, produira les mêmes effets que celui conclu avec la Nouvelle-Zélande.

Faute d'une politique construite, cohérente et globale, la France donne le sentiment que sa volonté se réduit à l'empilement de normes de moins en moins admises, et que l'État met en œuvre d'une main incertaine et tremblante. C'est en vertu de cette valse-hésitation qu'on a vu l'actuel pouvoir commencer par interdire le glyphosate, avant que de l'autoriser de nouveau, sans jamais donner un sens à sa politique qui permettrait aux Français d'être convaincus de sa pertinence. Enfin, chacun conviendra que la loi EGalim, qui reposait sur l'idée simple d'un rééquilibrage de la relation entre producteurs, industriels et distributeurs, n'a pas atteint son but – de l'aveu même du gouvernement qui annonce désormais des contrôleurs pour la faire prévaloir. La répercussion des coûts de production sur les prix à la consommation s'est très vite heurtée à la réalité de l'inflation, qui prive les Français les plus modestes de l'accès aux produits de qualité, rendant par ailleurs plus périlleuse la mutation souhaitable de l'agriculture vers les productions biologiques devenues à beaucoup inaccessibles en raison de leur prix. Dans un contexte où la question de la possibilité de produire conditionne la garantie de notre souveraineté alimentaire et la réussite de la transition écologique, il nous faut sans doute revenir aux principes qui guidèrent l'action de Stéphane Le Foll au ministère de l'Agriculture lorsqu'il conçut avec pertinence le concept d'agroécologie et donna à la France les moyens d'en assurer la défense, à Paris et à Bruxelles. Cette cohérence, qui donne du sens, imprime une direction et assure la promotion d'un modèle nouveau d'agriculture, qui pourrait utilement inspirer la gauche, alors que celle-ci trébuche la plupart du temps sur une conception trop exclusivement punitive de l'écologie. Il faudrait pour cela rompre avec l'obsession du devoir d'inventaire pour revenir enfin à l'inventaire des solutions praticables. Les seules de nature à éviter qu'à force d'incohérence et de double langage, l'Europe tout entière ne bascule dans la colère et le nihilisme.

Ce que Robert Badinter nous lègue de combats à mener

13 février 2024

Innombrables et unanimes, les hommages qui ont accompagné la disparition de Robert Badinter révèlent l'empreinte profonde laissée par la vie d'un juste dans le cœur de la France, dont il aura été l'une des grandes consciences politiques et morales. Par contraste, ils portent aussi témoignage de l'insondable vertige qui saisit parfois les peuples lorsque la dictature du vide les aspire inéluctablement vers le pire.

Dans le temps long de l'histoire d'un pays, ceux dont les noms demeurent sculptent rarement leur statue du temps de leur vivant. Les plus valeureux sont une force qui va : ils mènent les combats qu'ils croient utiles et justes sans se préoccuper du sort que la postérité accordera à leur passage. Tels qu'en eux-mêmes, guidés par des convictions passées au tamis de la culture et de l'expérience, ils suivent leur chemin, indifférents aux quolibets et aux invectives, qui contrarient parfois l'ambition qu'ils nourrissent pour leur peuple.

La culture de Robert Badinter puisait aux sources de l'universalisme français hérité des Lumières, qui donnèrent au monde l'*Encyclopédie*, la nation-contrat et l'histoire-progrès. La Déclaration des droits de l'homme et du citoyen, dont en juriste subtil et fin il avait sondé toutes les potentialités, était très vite devenue son bréviaire. Non qu'il eût besoin d'une doctrine ou de textes sacrés pour donner du sens à son action – on ne peut chérir la liberté et quérir des dogmes –, mais en républicain intraitable. Attaché à la laïcité qu'il concevait comme une valeur de tolérance et de respect, il considérait chaque être humain comme une part de lui-même.

En humaniste, il ne pouvait concevoir qu'on pût soumettre autrui à la violence, à l'humiliation ou à la vengeance sans abîmer cette dimension d'altérité qui relie chacun d'entre nous à l'humanité tout entière. Attaché à restituer la pensée des intellectuels qui avaient jalonné son propre parcours, avec une rigueur qui en toute chose le singularisait, il nous invitait à inscrire nos pas dans ceux de Condorcet, dont il avait lu les textes et médité les enseignements. Son combat pour l'abolition venait de loin, comme le choix qu'il avait fait de prendre la robe d'avocat. C'est fort de la conviction qu'il y avait une part de reniement de nous-mêmes, et de la civilisation, dans le fait d'infliger la mort à autrui au nom de la justice qu'il se battait pour épargner de la peine capitale des criminels, dont il avait la violence en horreur. On gardera à tout jamais en mémoire ses plaidoiries formulant à chaque fois le serment de toute une vie : celui de ne pas laisser la justice se voir dévorer par le jeu des passions humaines.

L'amour qu'il avait du droit, dont il pensait que la démocratie ne pouvait en aucun cas s'éloigner, le poussait à faire prévaloir toujours sa puissance. Pour lui, il n'y avait plus belle arme de résistance face à tous ceux qui, par conservatisme ou par intérêt, s'attachaient à la conservation de privilèges ou d'un ordre fondé sur les inégalités ou les discriminations. Le choix qu'il fit comme garde des Sceaux de dépénaliser l'homosexualité ne peut se comprendre qu'à l'aune de cette conception élevée de l'état de droit et de l'égalité, qui le tenait scrupuleusement à distance des emportements de la foule et de ceux qui s'employaient à la manipuler. Je me souviens d'une conversation récente où il retrouvait sa fougue d'antan pour dénoncer les propos de Robespierre qui, sous la Terreur, préconisait qu'on s'en prît aux ennemis de la liberté, mais aussi à « tous ceux qui n'avaient rien fait pour elle ». Par-dessus tout, Robert Badinter semblait redouter la dictature de l'arbitraire, du fait accompli ou du fait du prince, qui éloigne la justice des peuples et condamne des êtres vulnérables au plus funeste des sorts en raison de ce qu'ils sont et non pour les actes répréhensibles qu'ils ont commis.

Dans son enfance, Robert Badinter avait été marqué par les slogans antisémites qui tapissaient les murs de Lyon où ses parents avaient trouvé refuge pour fuir la zone occupée : « "Mort à Blum, mort aux Juifs !" » me disait-il, la voix étranglée d'indignation. De son père, déporté à Drancy et tué à Sobibór, il gardait le souvenir du jour de son arrestation et de la blessure qu'elle avait engendrée dans son cœur et dont il avait fait la source vive des combats de sa vie. Avec les regrets de ceux qui avaient toujours cru que l'humanité finirait par maîtriser ses instincts les plus vils, il avouait sa tristesse de voir ressurgir ces haines recuites, aux insultes et aux fantasmes inchangés, dont l'histoire et l'école nous avaient pourtant affranchis des crimes et des possibles errements.

Celui qui s'en est allé, et dont chacun loue aujourd'hui l'œuvre et la mémoire, savait que les hommages ne chassent jamais les sombres instincts. La mort des grandes consciences morales et politiques agit comme une ardoise magique entre les mains de ceux qui les ont toujours combattues. On glorifie un homme, son action, les valeurs qui les ont inspirés et dont on dit se réclamer, en sachant que les choses reprendront vite leur cours, comme auparavant, dans l'oubli de l'héritage légué.

L'abolitionniste n'avait pas en effet achevé sa lutte. Il savait que si la peine de mort a été abolie en France, il y a plus de quarante ans sous la présidence de François Mitterrand, on se suicide encore dans les prisons de la République où la condition carcérale demeure indigne de ce qu'on pourrait attendre d'elle, nation démocratique qui inventa la démocratie des Modernes. Lucide tout au long de sa vie, Robert Badinter ne pouvait demeurer indifférent à la remise en cause des principes de l'état de droit dans les démocraties où les populismes affirment peu à peu leur domination idéologique et politique. Ardent républicain, épris de laïcité, il ne pouvait pas ignorer que le communautarisme ronge, jour après jour, l'unité et l'indivisibilité de la République, mais aussi l'altérité qui fonde la communauté nationale et sa concorde.

Ce que révèle la disparition de Robert Badinter, par-delà l'immensité de son œuvre et de son legs, c'est le chemin qui se présente à nous et sur lequel il nous faut désormais courageusement nous engager. Par contraste avec la pente de notre époque, il nous incite à résister à l'air du temps, en reprenant le flambeau des combats pour la justice, avec cette exigence intellectuelle sans laquelle il n'est pas d'éthique de la responsabilité et de respect possibles. Dans les temps troublés et dangereux, où la guerre rôde et menace, la fidélité à la personne et à l'action de Robert Badinter nous invite à la recherche de toutes les voies possibles pour la paix, dans la refondation du multilatéralisme et le grand retour du droit face à la force brutale et cynique des nationalismes et des régimes autoritaires qui bafouent à la fois les libertés fondamentales et la possibilité pour les peuples de choisir leur destin.

Face à Poutine, le retour de la paix suppose détermination et responsabilité

28 février 2024

Alexeï Navalny a payé de sa vie son courage. En se dressant contre la dictature de Vladimir Poutine, en devenant son principal opposant, en dénonçant inlassablement et avec une acuité politique qui le faisait redouter du despote la corruption de son clan et l'asservissement de son peuple, il était devenu un espoir pour des millions de Russes qui aspiraient à la démocratie et au respect des principes de l'état de droit. Pour les amoureux de la liberté, il était le symbole d'une résistance possible. Avec son élimination physique, orchestrée dans une colonie pénitentiaire sinistre du nord de l'Arctique, les Russes, que la dictature a depuis trop longtemps réduits au silence, ont perdu un guide valeureux. Ceux qui l'ont accompagné dans ses luttes sont désormais prévenus de leur possible sort. Ils pleurent leur héros en silence.

Depuis la mort de l'homme-courage, chacun écrit pour reconnaître qu'on ne peut ignorer davantage la véritable nature du régime installé au Kremlin. On se lamente à juste titre sur les travers du dictateur, sur sa propension pathologique au mensonge, sur la brutalité de ses méthodes et la cruauté de son armée, sans évoquer les exactions de ses milices, en Afrique notamment. On évoque l'insuffisance du soutien de l'Europe à l'Ukraine, dans un contexte où les troupes de Poutine regagnent du terrain et enfoncent les poches de résistance, vaillamment défendues par des milliers de soldats et de civils ukrainiens. On redoute avec lucidité les effets d'un retour de Donald Trump à la Maison-Blanche sur l'avenir de l'OTAN et sur le maintien à terme de la sécurité du continent européen, dans le respect des principes de solidarité, qui fondent le pacte transatlantique. On sait déjà combien les actions de désinformation et les cyberattaques dont les hackers russes sont capables peuvent déstabiliser les démocraties et perturber leurs processus électoraux.

Pourtant, pour justes qu'elles soient, ces interrogations et ces craintes ne suffisent pas à dégager un horizon qui conforte l'Union européenne, désormais traversée par des forces divergentes agissant en son sein. Alors que faire ? Comment convaincre les peuples de la pertinence d'un chemin qui ne soit pas l'impasse où les populismes menacent de nous enfermer, dans une complicité plus ou moins assumée avec Poutine, dont certains ont pu, par le passé, bénéficier du soutien, après l'avoir sollicité ?

La lucidité face aux défis du monde est toujours la meilleure façon de ne pas commettre l'erreur qui nous serait fatale. Les enjeux qui se présentent à l'Union européenne doivent être posés lucidement. Le premier concerne incontestablement l'effort de défense qu'elle s'imposera pour assurer sa propre sécurité, et le cadre dans lequel cet effort sera consenti. La parole de la France – désormais la seule puissance nucléaire de l'Union – sera déterminante, à la condition toutefois de proposer un chemin rassemblant le plus grand nombre de pays partenaires autour d'une vision claire et partagée. De ce point de vue, les récentes déclarations du président de la République, évoquant un éventuel engagement au sol de soldats d'une coalition non encore constituée et aux contours introuvables, aura eu pour double effet d'engendrer la perplexité de nos alliés et d'apporter à Poutine la démonstration des divisions qui traversent le camp occidental. On ne pouvait difficilement faire mieux pour administrer la preuve de notre incapacité à faire naître le consensus autour de nos positions, dans un contexte où, de surcroît, le rapport de force avec Poutine est seul de nature à permettre le retour de la paix.

La préparation de l'Union européenne à un conflit de haute intensité est certes la façon la plus sûre d'éviter que le continent ne s'embrase à nouveau. Mais pour y parvenir, la parole doit être maîtrisée, et le dialogue avec nos partenaires respectueux et confiant. Par-delà les récentes sorties de route, il nous faut reconnaître que le gouvernement a été bien inspiré de rehausser le budget de nos armées, en portant à 413 milliards d'euros l'enveloppe de la loi de programmation militaire pour la période 2024-2030. Les Allemands ont pour leur part pris l'engagement d'une augmentation de près de 100 milliards d'euros du budget de la Bundeswehr, mais dans un contexte où les réserves financières significatives dont dispose l'État fédéral rendent l'effort annoncé crédible. Bien sûr, tout n'est pas affaire de budget consenti pour assurer la sécurité commune, et c'est là le deuxième enjeu. L'approfondissement de l'Europe de la défense ne peut se faire, qu'on le veuille ou non, que dans le cadre de l'OTAN. Vouloir la faire exister autrement reviendrait à la condamner à ne jamais exister, pour des raisons qui tiennent d'abord au tropisme atlantiste de l'Allemagne et des pays de l'Est qui sont dans son sillage. Ce n'est pas en semblant se réjouir, à contretemps, de l'état de mort cérébrale de l'organisation transatlantique que la France accroîtra son audience en Europe, mais au contraire en s'érigeant comme une passerelle entre une identité européenne de sécurité et de défense constituée en son sein et le Royaume-Uni, auquel la France se trouve liée par son statut nucléaire et les accords de Lancaster House. On objectera à cela que Donald Trump menace l'OTAN du désengagement des États-Unis. La meilleure manière de le contraindre à y renoncer – ou de ne pas avoir à renoncer à nos ambitions si nous devions échouer à le contraindre – est d'avoir suffisamment de cohésion en Europe pour être forts et déterminés, y compris face à notre grand allié historique.

Enfin, le comportement complaisant de la Hongrie face à Poutine doit conduire l'Union européenne à ne pas se dissoudre dans une course non maîtrisée à l'élargissement. De ce point de vue, si les dirigeants européens sont légitimes à vouloir accueillir l'Ukraine en leur sein, ils seraient bien inspirés de la soutenir suffisamment pour qu'au moment de son adhésion la Russie n'occupe plus son territoire, sauf à prendre le risque de l'embrasement tant redouté, celui des populismes et celui des conflits armés.

La défense de la mémoire d'Alexeï Navalny appelle une lucidité retrouvée face à un contexte inédit de crise politique, nationale, européenne et internationale. La lucidité dans les époques troublées dicte le courage, et celui-ci ne s'accommode que rarement des incantations de tribune et de l'ambiguïté des postures attendues. Au moment où les Européens s'apprêtent à renouveler leur Parlement, cela doit être dit et assumé.

Être collectivement à la hauteur de la gravité du moment

13 mars 2024

La campagne pour les élections européennes s'engage dans un climat qui n'augure rien de bon, ni pour l'avenir de l'Europe ni pour celui de la démocratie. Les intentions de vote des Français, mesurées par les instituts de sondage, confirment la forte dynamique en faveur du Rassemblement national, puissant dans ses bastions traditionnels et conquérant partout ailleurs.

La vague qui monte vient de loin. Elle prend son élan à l'épicentre des secousses telluriques ou des égarements éthiques qui, scrutin après scrutin, conduisent les partis de gouvernement à s'affaiblir – en renonçant à leur ambition programmatique – ou à se diviser – sur fond de querelles picrocholines. On pourra toujours relativiser les maux dont souffre la politique en France en se disant que toutes les démocraties sont mises à l'épreuve de l'extrémisme et du populisme, que leur sort commun résulte des effets d'une nouvelle ère de numérisation sans règles, d'emportements sans principes, ou d'approximations sans scrupule. Mais même s'il arrive à des esprits complaisants avec eux-mêmes de se consoler en se comparant, il devient de plus en plus difficile de ne pas se désoler en se regardant, si bien qu'est désormais questionnée notre capacité collective – celle des partis de gouvernement notamment – à ériger des digues face à la poussée de l'extrême droite, en France et en Europe.

Comment ériger des digues efficaces et lesquelles ? Faut-il se limiter à dénoncer la dangerosité du Rassemblement national ? camper dans les postures morales ? Chacun sait que cette réplique ne suffira plus, et que le temps est maintenant venu d'envisager d'autres chemins. L'urgence pour les formations politiques est donc de donner aux peuples des raisons de voter « pour », et de ne plus seulement se satisfaire de se prononcer « contre ». Pour faire efficacement barrage à la menace, il nous faut bâtir un mur porteur d'espoir, en renonçant à renoncer, par cynisme ou par calcul, à ce qui est juste et conforme à l'intérêt de la nation. Telle est pour quiconque croit à l'éthique de responsabilité la définition de la politique, son exigence, et aussi sa grandeur.

Les Français ont l'intuition que la nation s'affaisse et que ses institutions s'affaiblissent à mesure que la France s'éloigne d'elle-même et des valeurs qui l'ont fondée comme projet. Notre pays est épris de laïcité, par amour de la liberté, mais aussi par refus de voir la communauté nationale se dissoudre en groupes scindés et hostiles, que convoitent des individus ou des forces politiques cyniques comme autant de clientèles électorales à conquérir ou à conserver. Des partis faibles, réduits à l'état d'appareils électoraux et animés d'ambitions parfois dérisoires, cèdent à tous les travers de la communication numérique et au narcissisme de l'époque. De telles organisations font la part belle aux séductions courtermistes au détriment des convictions sincères. Dans notre pays, nous sentons revenir au galop l'esprit de la IVe République, non pas le système des partis – il faudrait pour cela qu'il y en ait encore – dont le général de Gaulle redoutait à juste titre les effets délétères, mais plus prosaïquement celui des appareils racornis, dont la stratégie se résume aux récompenses pour services rendus.

On ne peut donc laisser le paysage politique se décomposer davantage sans prendre le risque de voir le dégagisme réussir à dégager des valeurs que nous avons en partage : les principes fondamentaux qui fondent l'état de droit, l'universalisme français, l'amour irrépressible de la liberté et de l'altérité, le refus absolu du racisme, de l'antisémitisme et des discriminations.

Face à ce grand défi, la gauche de gouvernement reste trop divisée et prisonnière des calculs boutiquiers de certains, qui agissent avec sectarisme alors qu'ils ont une responsabilité historique, celle d'être à la hauteur de la gravité du moment.

Le monde vit en effet un temps de bascule.

Ce n'est pas l'histoire qui, ayant atteint sa fin, aurait suspendu son cours, avant de le reprendre. C'est l'Europe qui redécouvre que le temps humain est un temps historique dont on ne peut s'extraire et, souvent, un temps tragique dont on ne peut s'abstraire.

Lorsqu'on est citoyen d'un continent qui est aussi une idée – l'humanisme des Anciens et des Modernes – et lorsqu'on est membre d'une famille politique – la gauche démocratique et de gouvernement – qui l'a fidèlement bâti et continûment servi, un triple devoir de fidélité, de lucidité et de volonté s'impose :

La fidélité à des valeurs, d'abord, dans le chaos du monde. Le droit doit s'imposer face à la force, la justice face à la marchandisation. La sobriété désirable doit se substituer au productivisme, plutôt que la décroissance. Le multilatéralisme doit à nouveau prévaloir contre le nationalisme et l'impérialisme. L'Union européenne n'est pas seulement la preuve, pour les Européens, qu'ils peuvent vivre sans se déchirer. Elle est un message à tous les belligérants du monde et à tous les peuples ennemis que la réconciliation et la coopération sont possibles.

Face au réel, la lucidité doit être notre discipline. Nous vivons dans un monde dangereux. Ne pas l'admettre, c'est le rendre plus dangereux encore. La tolérance et la tempérance ne sont pas les vertus les mieux partagées. L'ont-elles d'ailleurs jamais été ? Aujourd'hui, l'Occident – comme s'il s'agissait d'un bloc – est mis en cause par des régimes ou des organisations qui ont la démocratie, la dignité humaine, la séparation des pouvoirs et les libertés publiques en horreur, et même en haine. Où que se porte le regard, la bataille des normes juridiques, sanitaires, sociales, environnementales fait rage – y compris entre alliés et partenaires. Des pouvoirs affairés à leur extension territoriale envahissent des voisins au mépris de la souveraineté des États et de l'intégrité des frontières. Des nations s'arment en vue d'annexions ou d'invasions. Tel est le monde sous nos yeux, pour peu qu'on les ait grands ouverts.

Voilà pourquoi il faut que les dirigeants et les peuples s'arment de volonté. L'Europe n'a ni la possibilité d'être indifférente ni le droit d'être naïve. Dans un monde chaotique, elle ne doit pas seulement affirmer ses valeurs, elle doit aussi défendre ses intérêts. Les menaces et les défis qui s'imposent à elle ne doivent pas engendrer la résignation, mais au contraire provoquer un sursaut tout à la fois énergétique et industriel, géopolitique et militaire, écologique et social, démocratique et civique. Et alors, mieux qu'une digue, un espoir surgira.

De l'autonomie de la Corse et de l'indivisibilité de la République

27 mars 2024

Parmi les serviteurs de la République qui aiment la Corse et qui se sont continûment préoccupés de son avenir, le projet d'autonomie porté par l'actuel gouvernement ne peut que susciter de légitimes inquiétudes. Il serait en effet hasardeux de prétendre répondre aux urgences auxquelles les élus de l'île se trouvent confrontés en s'éloignant des principes qui fondent l'unité et l'indivisibilité de la République, moins encore en s'engouffrant dans la brèche d'une révision constitutionnelle, établissant de fait le communautarisme. Quelle cohérence y aurait-il d'ailleurs à avoir inscrit dans le marbre de la loi le refus du séparatisme et, un peu plus tard, d'en instiller tous les ferments dans une révision constitutionnelle visant à reconnaître « une communauté insulaire, méditerranéenne, historique, linguistique et culturelle ayant un lien singulier avec sa terre » ?

On pourrait objecter bien entendu à cette exigence de cohérence que les deux textes législatifs s'attachent à atteindre des buts différents et que la lutte légitime contre l'islamisme n'a que peu de chose à voir avec la reconnaissance de l'autonomie d'un territoire aspirant à déterminer, par lui-même, les voies et les moyens de son propre destin. Ce serait alors oublier que les forces de fracturation qui traversent la nation empruntent à de multiples ressorts, mais que tous concourent à faire prévaloir des identités fortes, dont la reconnaissance systématique, érigée en principe constitutionnel, ne manquerait pas de conduire à l'abandon de ce creuset de valeurs universelles où l'égalité des individus et des territoires face à la loi a toujours dominé. Depuis la Révolution française, ce sont ces principes qui fondent notre vivre-ensemble, et c'est à eux que l'on doit la construction politique singulière qui contribua à l'émergence de la nation.

En effet, en France, l'État a préexisté à la nation, et celle-ci trouva dans l'État napoléonien, lui-même né de la Révolution, les moyens de son incarnation. Ce n'est pas seulement un hasard de l'histoire si la France doit au plus éminent de ses Corses les grandes réformes qui contribuèrent à fonder son indivisibilité. Le génie français puisait alors aux sources d'un mouvement dépassant les singularités féodales pour embrasser un destin dont la portée était universelle, et avec un programme conçu pour durer, comme la démonstration en fut faite d'ailleurs à bien des égards. Déjà, il y a plus de deux siècles, une île très politique montrait à notre pays un chemin dont l'avènement de la République devait être plus tard l'aboutissement par la célébration des libertés et de la laïcité, c'est-à-dire par la consécration de la démocratie parlementaire et libérale, dans un pays que trop de restaurations avaient longtemps condamné à l'immobilisme.

Il faudrait donc aujourd'hui, pour régler les problèmes qui compromettent son développement, donner à la Corse, et à elle seule, une autonomie inscrite dans la Constitution. Nous serions ainsi contraints de lui conférer un pouvoir législatif dont on perçoit mal – sauf à remettre en cause l'unité nationale – qu'il puisse être refusé à tous les autres territoires, s'estimant, eux aussi, légitimes à revendiquer pour leur compte une spécificité historique, linguistique et culturelle, ayant un lien singulier avec leur terre. Plutôt qu'un statut d'autonomie pour un seul, mieux vaudrait ouvrir pour tous les territoires la possibilité d'adapter les règles et les normes pour optimiser les chances de leur développement, dans le respect d'un cadre national garantissant le respect scrupuleux des principes d'égalité de tous face au droit et d'unité de la nation.

Enfin, par-delà les principes, on attend, pour nous laisser convaincre de la pertinence de cette évolution institutionnelle vers l'autonomie de la Corse, que la preuve soit établie que ses difficultés actuelles trouveront à se résoudre du seul fait de cette consécration juridique du différentialisme. Or, un examen attentif des faits ne peut que susciter les plus grandes réserves.

Lorsque le statut de collectivité territoriale unique fut décidé pour la Corse, en 2016, la constitutionnalisation de l'autonomie de l'île était déjà une revendication ancienne des élus, s'exprimant bien au-delà des diverses sensibilités nationalistes. Il était alors estimé que les questions de la co-officialité de la langue corse ou du statut de résident ne trouveraient de solutions que dans la modification de la Constitution. Il ne s'agissait pas alors d'encourager la pratique d'une langue régionale, dont la richesse des œuvres littéraires justifiait qu'on la pratiquât dès le plus jeune âge, mais de faire de sa maîtrise la condition de l'éligibilité aux emplois publics. On ne pensait pas davantage favoriser à travers le statut de résident l'accès au logement des plus pauvres des Corses, dans une île où la spéculation foncière, organisée par des clans aux pratiques douteuses, contribue à la hausse continue des prix du foncier, mais de réserver aux seuls Corses l'accès à la propriété sur île. Ce qu'une agence foncière aurait pu réaliser par une politique publique et maîtrisée d'acquisition des terrains disponibles, sous réserve toutefois qu'on eût le courage de résister à l'avidité d'intérêts bien identifiés, devait donc passer par une réforme de la Constitution, laissant aux clans qui règnent le soin de s'arranger entre eux, au détriment des Corses eux-mêmes, victimes depuis trop longtemps de telles pratiques. On pouvait ainsi aisément faire l'impasse sur les effets de l'indivision chronique des propriétés reçues en héritage, en dépit du régime avantageux et dérogatoire qui prévaut depuis 1801, du fait des arrêtés Miot.

Si l'on ajoute à tout cela que le statut nouveau a été consenti dans la foulée des troubles violents ayant entouré la mort d'Yvan Colonna, dont la mise en cause dans l'assassinat du préfet Érignac demeure comme une blessure dans le cœur de tous les républicains, au premier rang desquels les Corses eux-mêmes, on comprendra la réserve qu'inspire à tous ceux qui aiment l'île de Beauté une réforme constitutionnelle qui ne résoudra rien. Car le mal n'est pas dans l'ordonnancement juridique national, mais dans l'incapacité de l'île à résister à ses vieux démons, notamment à celui du goût pour la politique se réduisant à de sempiternels débats institutionnels, là où devrait prévaloir la volonté de résoudre les problèmes qui se présentent aux générations nouvelles, avec pragmatisme et raison. Si réforme il doit y avoir, elle ne peut que poursuivre d'abord un but pour les Corses, et non reproduire à l'infini les travers d'une politique de fuite en avant, qui fera la part belle aux habitudes funestes qui perdurent.

Génocide des Tutsis du Rwanda : la vérité suppose la mesure

10 avril 2024

Il y a trente ans, au Rwanda, un génocide se produisait. Il devait aboutir à l'extermination de près d'un million de Tutsis et d'opposants au régime de Juvénal Habyarimana par les milices extrémistes hutus. Des crimes d'une rare cruauté, organisés et orchestrés par un gouvernement intérimaire sans légitimité, et composés d'individus lâches, corrompus et dépourvus de toute humanité, donnaient une dimension de tragédie à la haine méthodiquement entretenue par un régime contre son propre peuple. Par la folie d'un pouvoir monstrueux par ses méthodes et par ses buts, des Rwandais éliminaient sauvagement d'autres Rwandais, dans l'indifférence de la communauté internationale, dont l'incurie des décisions ajoutait le sentiment de l'impuissance au traumatisme des massacres perpétrés au pays des Mille Collines.

Plus de trente ans après, les passions sont toujours aussi vives et les mises en cause aussi virulentes. L'incontestable barbarie dont les génocidaires se sont montrés capables, la douleur des victimes et de leurs familles, les zones d'ombre qui demeurent, notamment concernant les circonstances de l'attentat contre l'avion des présidents burundais et rwandais alors en exercice, expliquent pour partie seulement l'intensité des polémiques, mais aussi les multiples tentatives de manipulation orchestrées par certains des acteurs de la tragédie rwandaise.

En France, l'action de François Mitterrand et de ses gouvernements ayant été systématiquement mise en cause, deux commissions d'enquête ont été créées : l'une parlementaire, présidée en 1998 par Paul Quilès, l'autre instituée à l'initiative du président de la République et dont la coordination des travaux fut confiée à Vincent Duclert. L'une et l'autre se sont employées à établir les faits et à pointer la responsabilité des acteurs en cause, en France et à l'étranger.

Pour avoir été rapporteur de la mission d'information parlementaire en 1998, j'ai pu mesurer combien le chemin vers la vérité était semé d'embûches. De ce point de vue, on ne peut que saluer la décision prise par Emmanuel Macron d'ouvrir plus largement les archives disponibles à la commission Duclert, dans la continuité des déclassifications déjà consenties par le gouvernement de Lionel Jospin en 1998. Mais, en dépit de l'effort fait pour rendre intelligible l'engrenage ayant abouti au génocide, demeure l'incapacité de certains commentateurs et responsables politiques à s'en tenir aux seuls faits, à la rigueur de leur chronologie, aux intentions réelles des gouvernements ayant agi et décidé avant que les massacres ne fussent perpétrés – mais aussi après qu'ils le furent – dans un contexte où rares étaient ceux qui avaient le courage de prendre leurs responsabilités. Cette discipline est sans doute moins satisfaisante pour l'ego que celle qui consiste à réinterpréter l'action de tel ou tel gouvernement à l'aune d'une histoire dont on connaît désormais l'issue tragique.

Concernant le procès instruit contre la France, il vise essentiellement François Mitterrand, que les esprits les moins nuancés transforment désormais en complice des génocidaires, et le gouvernement d'Édouard Balladur, qui aurait été impuissant, avec ses interlocuteurs occidentaux et africains, à arrêter le génocide. La charge est violente. Elle est ancienne. Ceux qui en sont la cible ne sont plus là pour se défendre, et ceux qui pourraient encore le faire se taisent, redoutant le sort qui leur serait réservé s'ils osaient soudainement s'exprimer de bonne foi.

Dès lors, est-il indécent de rappeler que la décision de la France d'intervenir au Rwanda fut prise parce qu'une guerre était déclenchée depuis l'Ouganda contre une ancienne colonie belge dont le colonisateur s'était cyniquement désintéressé du sort des populations ? Doit-on occulter, dans le jugement qu'on porte sur la France, le fait qu'elle intervint alors que ses intérêts propres n'étaient pas en jeu, afin d'éviter que les massacres qui avaient accompagné le processus de décolonisation belge, en 1962, ne se reproduisent ? Est-il intellectuellement honnête de continuer d'affirmer que la France aurait été complice du génocide alors qu'elle avait quitté le Rwanda dès octobre 1993, à la demande de Paul Kagamé, après que les accords d'Arusha avaient été signés et qu'elle avait été remerciée de ses efforts par les dirigeants du FPR eux-mêmes ? L'application de ces accords, imposant le partage des postes, à la fois au sein du gouvernement et des armées, n'était-elle pas placée sous la supervision des troupes des Nations unies, autrement dit de la Minuar conformément à la résolution n° 872 du Conseil de sécurité ? La décision des autorités belges de se retirer de la Minuar, dès le commencement du génocide, et la réduction de ses effectifs à deux cent soixante-dix soldats, au terme d'un vote unanime du Conseil de sécurité, relève-t-elle de la seule responsabilité de la France ? Le gouvernement français est-il coupable de la volonté des États-Unis de bloquer, jusqu'au 22 juin 1994, le vote d'une résolution du Conseil de sécurité autorisant une opération militaire à vocation humanitaire au Rwanda, en dépit de l'action diplomatique déployée par la France, sous la conduite d'Alain Juppé, pour la rendre possible compte tenu de l'urgence ? La force humanitaire Turquoise n'a-t-elle pas permis de sauver des vies, grâce à l'engagement de militaires français, dans un contexte où les massacres se poursuivaient ?

Nous pourrions égrener à l'infini ces questions, et nous le ferions en vain. Le coupable idéal est en effet depuis longtemps désigné. Il lui est interdit de se défendre par la coalition de ceux qui n'ont rien fait ou qui ont un intérêt commun à faire oublier ce qu'ils ont pu faire. Les fautes qu'on prête à la France devraient, selon ses contempteurs, la condamner à se terrer et à se taire. Ses avocats sont eux-mêmes des coupables en puissance. S'il venait à l'esprit de l'un d'eux de dénoncer les viols et les crimes en série commis en République démocratique du Congo par les milices de Paul Kagamé, et que le Prix Nobel de la paix Denis Mukwege s'emploie à réparer avec pour seule arme sa profonde humanité, le procès en révisionnisme serait immédiatement instruit. Comme si l'horreur du génocide et sa dénonciation sans faille n'étaient pas compatibles avec l'indignation légitime suscitée par d'autres crimes, autrement qualifiés, mais sur lesquels on préfère jeter un voile pudique pour ne pas contrarier les icônes dont il arrive parfois que nous soyons, par ivresse narcissique, les idiots utiles.

Maîtriser les déficits et la dette appelle un effort de vérité. C'est là une exigence démocratique

23 avril 2024

Le débat qui s'est instauré récemment sur la dégradation des comptes publics appelle de la part des responsables politiques de la majorité et de l'opposition une exigence de vérité, sans laquelle les citoyens, mais aussi le Parlement, ne disposeront pas de toutes les informations nécessaires à la maîtrise, par notre pays, des moyens de son redressement.

Pour mémoire, il faut commencer par rappeler que la loi de programmation des finances publiques du 18 décembre 2023 prévoyait un déficit de 4,9 % pour l'année passée, devant progressivement se réduire à 2,7 % en 2027. La Cour des comptes a notamment pointé que cette trajectoire reposait sur des hypothèses macro-économiques très favorables, ainsi que sur une maîtrise inédite et non encore documentée de la dépense publique. Pour absorber la hausse inéluctable de la charge de la dette, dans un contexte de relèvement des taux d'intérêt, il faudrait parvenir à réaliser, d'ici à 2027, près de 50 milliards d'euros d'économies, rapportées à l'évolution tendancielle de la dépense mesurée avant la crise sanitaire. Ce diagnostic a été récemment confirmé par le Haut Conseil des finances publiques.

Cette situation est d'autant plus préoccupante que les déficits se réduisent chez la plupart de nos partenaires européens et que notre ratio de dette publique par rapport au PIB s'est nettement dégradé par rapport à la moyenne de la zone euro depuis 2017. Si, dans un tel contexte, la France devait faire l'objet au lendemain des élections européennes d'une procédure pour déficit excessif l'obligeant à des mesures correctrices pour réduire son déficit structurel, sa crédibilité s'en trouverait sérieusement entamée. Face au mur de la dette, le durcissement annoncé du régime d'indemnisation des chômeurs relève à la fois d'une décision injuste et d'une opération de diversion dans l'attente de mesures de redressement plus significatives qui devront être prises au lendemain des élections européennes. À moins qu'elle ne repose sur cette illusion que la dégradation du concours dont bénéficient les demandeurs d'emploi permettra de ralentir la hausse amorcée du taux de chômage, alors que sa réduction était mise au crédit de l'actuel pouvoir.

Pour s'excuser de ses mauvaises prévisions, le gouvernement évoque la faible dynamique des recettes fiscales perçues par l'État. Mais il omet de rappeler que certains de ses choix, notamment celui de ne pas soutenir le secteur du logement, y auront grandement contribué. En 2023, le nombre de logements mis en chantier était inférieur de 150 000 à celui constaté en 2017, engendrant de préjudiciables effets économiques, sociaux et fiscaux. La réduction de 5 milliards d'euros du montant des droits de mutation à titre onéreux, mais aussi de l'impôt sur les sociétés et de la TVA acquittés par les sociétés du secteur, porte incontestablement témoignage de l'échec d'une stratégie. Enfin, on ne peut que s'interroger sur l'efficacité de la politique dite du ruissellement qui, au terme de nombreux cadeaux fiscaux consentis de façon indifférenciée à des secteurs économiques non exposés à la concurrence internationale ou aux plus fortunés des Français, n'aura pas permis le surcroît de recettes escompté.

Mais un autre sujet, dont on parle trop peu, ne saurait être passé sous silence, qui renvoie à la nécessaire transparence qui doit accompagner le débat démocratique autour des enjeux des finances publiques. Cette question est ancienne. Elle renvoie à la distinction à opérer entre deux catégories de dépenses par nature très différentes. Les dépenses sociales, d'une part, qui financent l'indispensable solidarité avec nos concitoyens inactifs, ou dont la santé est fragile et qui sont en constante progression. Celles de l'État régalien d'autre part, qui par le maintien de services publics de qualité et le financement des investissements nécessaires, garantissent à la fois notre sécurité, préparent l'avenir et confortent la compétitivité de notre économie. Or les déficits ne sont pas correctement répartis entre ces deux catégories de dépenses. Le modèle social, dont nous devons préserver l'intégrité et l'efficience, représente près de la moitié des dépenses publiques, dont près de 70 % – qu'il s'agisse de la retraite ou des politiques de santé – sont principalement à destination des personnes âgées ou inactives. Par principe, notre modèle de solidarité suppose que ces dépenses prévisibles soient en totalité couvertes par des contributions prélevées sur l'activité d'aujourd'hui, de sorte qu'à chaque dépense sociale soit affecté un financement (impôts ou cotisations) précis et clairement défini. Or le Parlement vote les comptes des institutions de sécurité sociale, dont les recettes sont pour partie des dépenses pour l'État et les collectivités locales. De là vient que le budget de la Sécurité sociale ne présente, en 2022, un déficit que de 20 milliards d'euros, bien inférieur à son niveau réel. Contrairement à une opinion très répandue, ce n'est pas de la branche maladie que résulte l'essentiel du besoin de financement des dépenses sociales, mais de celui des retraites obligatoires, qui à lui seul représente le quart de la dépense publique nationale. Or les retraites sont financées à hauteur de 66 % par des cotisations et à hauteur de 14 % par des impôts affectés, le solde de 20 % étant couvert par les subventions de l'État et des administrations tierces. Quelles que soient leurs justifications anciennes, ces subventions font apparaître une contribution des régimes des retraites au déficit global de l'ordre de 70 milliards chaque année, toutes administrations confondues. Un tel montant équivaut, en 2022, à notre déficit primaire, c'est-à-dire à l'écart annuel entre les dépenses et les recettes publiques, hors charge d'intérêt. Autrement dit, si ce problème trouvait sa solution, la soutenabilité de la dette française et notre capacité à investir pour préparer l'avenir pourraient être garanties.

Si les pouvoirs publics doivent être comptables, auprès des citoyens et des contribuables, de l'efficacité de l'ensemble des dépenses publiques, c'est donc d'abord du redressement de la branche vieillesse que dépendra, en priorité, celui de nos finances publiques. Il faudra, pour y parvenir, atteindre progressivement deux objectifs. Le premier consistera à faire la vérité sur l'équilibre réel des régimes sociaux obligatoires, en dégageant la contribution effective de chacun d'eux au déficit public. Le second permettra, par des mesures de justice sociale, de déterminer la part prise par chacun, notamment par les plus aisés des contribuables français, à l'effort de désendettement et de rétablissement des comptes publics. Sans cette exigence de vérité, sans cet effort collectif et équitablement réparti, les discours sur la souveraineté demeureront sans lendemain et nos chances d'investir dans l'avenir relèveront du vœu pieux.

De l'indivisibilité de la lutte pour le respect des droits humains

7 mai 2024

L'occupation des locaux de Sciences Po, à Paris, par des étudiants propalestiniens accusant le gouvernement de Netanyahu de génocide envers les populations gazaouies a suscité de vives polémiques en France. Partout dans le monde, aux États-Unis, en Australie et dans de nombreuses universités européennes, de semblables manifestations sont venues témoigner d'une mobilisation d'une partie de la jeunesse pour une cause qu'elle croit juste et qu'elle défend dans l'évocation des principes éthiques et universels, qui se trouvent au fondement du droit international. On ne peut dès lors se contenter de condamner ces actions au seul motif qu'elles sont à l'origine de perturbations dans les établissements universitaires occupés. La jeunesse d'un pays est en effet toujours légitime à dire son indignation si elle estime que les valeurs dont elle se revendique sont bafouées par une guerre conduite dans l'indifférence aux appels constamment réitérés de la communauté internationale, pour que l'accès des populations civiles palestiniennes à l'aide humanitaire soit enfin rendu possible.

C'est donc en vertu des principes évoqués par ceux qui manifestent qu'il faut apprécier leur mobilisation, dans une référence constante aux règles du droit international, si souvent évoqués par eux et dont l'indivisibilité des principes devrait conduire à la plus grande maîtrise dans l'usage des concepts juridiques et des références historiques.

Il n'est donc pas inutile de rappeler que l'humanisme ne va pas sans altérité. C'est en effet le refus de faire subir à autrui ce qu'on ne concevrait pas devoir subir soi-même qui induit la retenue dans la propension de l'humanité à la violence. Et si l'on doit condamner les massacres et occuper des universités pour cela, il faut alors qualifier tous les crimes et s'indigner avec la même force de toutes les atteintes aux droits humains. On peut légitimement s'offusquer de la politique cynique de Benjamin Netanyahu, qui, depuis des années, parfois avec la complicité de certains pays arabes, s'emploie à nier la question palestinienne, à encourager la poursuite de la colonisation, à maintenir les populations gazaouies dans la misère, en confortant la prééminence du Hamas à Gaza et en attisant les haines. La politique du pire engendre toujours les pires des conséquences. La société civile israélienne, qui aspire elle aussi à la paix, et pour une partie de sa jeunesse à une solution négociée qui permette la coexistence de deux États, avait d'ailleurs commencé à se dresser face à ce pouvoir corrompu, lorsque l'attaque perpétrée par le Hamas est survenue le 7 octobre 2023.

L'indivisibilité des droits humains ne peut pas non plus passer sous silence les viols, les exactions perpétrées, les massacres commis et le sort réservé aux otages détenus par une organisation qu'il faut bien qualifier de terroriste, en pointant clairement sa responsabilité dans le chaos qu'elle aura contribué à créer.

Si l'on est attaché aux principes du droit international, il faut alors les appliquer avec la même rigueur intransigeante à tous ceux qui auront à rendre compte de leurs crimes devant l'histoire, sans distinguer les bonnes et les mauvaises victimes. On doit aussi s'indigner des tirs de roquettes de l'Iran sur Israël, sauf à préférer la radicalité des postures à la sagesse de la désescalade.

Dans le tumulte des derniers jours, on a entendu que toute l'attention devait être concentrée sur le risque d'invisibilité du « génocide en cours des Palestiniens de Gaza ». C'est précisément ce risque continûment pointé qui justifierait qu'on renonce à la dénonciation des massacres commis par le Hamas. Qui pourrait songer à passer sous silence les morts par milliers, les souffrances endurées, les enfants tués sous les bombes larguées par l'armée israélienne et la tragédie humanitaire dont les médias rendent compte quotidiennement ? Il faudrait être d'un cynisme absolu pour nier l'évidence. Mais peut-on parler de génocide en usant des raccourcis historiques les plus grossiers, en faisant mine d'ignorer que cette qualification implique une préparation méticuleuse des massacres, une organisation d'un État entièrement tendue vers l'abjection du but et l'extermination volontaire d'un groupe en raison de ce qu'il est ? L'État d'Israël, ne l'oublions jamais, fut l'État refuge d'un peuple qui sait ce qu'être victime d'un génocide veut dire. Penser que cet État se serait mué, par une alchimie révélant sa nature, en État génocidaire, dans l'oubli de la souffrance passée des victimes de la Shoah, est une autre manière, plus insidieuse, d'évoquer la perversité de son peuple. Sinistres relents d'une époque qu'on espérait révolue. Si les mots ont un sens, si le droit recouvre des notions précises, et si l'histoire de l'humanité peut encore dispenser de possibles enseignements, il est à souhaiter que le débat retrouve un peu de raison, de nuance et d'équilibre. La Cour internationale de justice, saisie par l'Afrique du Sud, n'a d'ailleurs nullement jugé avérée ou plausible l'existence d'un génocide, en dépit de l'interprétation fallacieuse faite par certains de la position prise par elle. C'est si vrai qu'elle n'a pas estimé devoir ordonner la suspension des combats, alors qu'elle aurait pu le faire. Comme la présidente de la CIJ Joan Donoghue l'a rappelé récemment à la BBC face aux approximations, le terme *plausible* ne se rapporte pas, en droit, à l'existence d'un tel crime, mais à la recevabilité de la partie palestinienne au titre de la Convention sur la prévention de la répression du génocide.

On doit combattre la politique de Benjamin Netanyahu pour ce qu'elle est, c'est-à-dire une juxtaposition d'actes hautement condamnables pour tous ceux qui aspirent à la paix, au respect du droit international par tous les États et à la protection de chaque être humain contre la violence et les atrocités de la guerre. C'est là le seul chemin qui soit possible pour assurer enfin la coexistence de deux États. On doit aussi condamner les crimes du Hamas pour ce qu'ils sont, et qualifier de terroriste une organisation qui a perpétré le plus grand massacre antisémite depuis la Seconde Guerre mondiale. Ne pas s'en tenir à cette exigence de vérité, c'est alimenter la funeste spirale des haines qui assassinent et massacrent des innocents.

La Nouvelle-Calédonie, la sagesse et la paix

22 mai 2024

Une nouvelle fois, la Nouvelle-Calédonie doit faire face à de vives tensions. Elles se traduisent désormais par autant de morts qu'on peut compter de jours d'émeutes. Pour tous ceux qui aiment ce territoire ultramarin, ses habitants, et qui savent aussi combien la paix y est à la fois précieuse et fragile, le retour des affrontements exhume le souvenir des jours funestes de la tragédie d'Ouvéa. Les événements d'avril et mai 1988 furent en effet le point culminant d'un engrenage d'incompréhensions et de violences, dont le gouvernement français d'alors pensa d'abord pouvoir se dégager par les seuls moyens du maintien de l'ordre. Il fallut donc attendre que la cohabitation prît fin et que Michel Rocard, Premier ministre d'un nouveau gouvernement, décidât d'un radical changement de méthode pour que le dialogue fût restauré par l'État, mais aussi par la sagesse des Calédoniens eux-mêmes, guidés par leurs représentants loyalistes et indépendantistes. La signature des accords de Matignon permit de sortir de l'impasse, en donnant toutes ses chances à la paix.

Les accords de Matignon-Oudinot, conclus en 1988, reposent en effet sur un compromis historique qui, depuis plus de trente ans, a ouvert à tous les Calédoniens la perspective d'un destin commun, en contenant les logiques d'affrontement. Complété par les accords de Nouméa signés dix ans plus tard, le cadre institutionnel global, stabilisé au terme d'un long processus de concertation, ne fit en rien l'impasse sur les « ombres » et « lumières » de la colonisation, mais il affirma sobrement la légitimité de toutes les communautés, ayant participé à l'histoire et à la construction de la Nouvelle-Calédonie, à construire une communauté humaine, vivant dans la concorde. Dans le même mouvement, l'accord de 1998 accorda une large autonomie à la Nouvelle-Calédonie en organisant, au bénéfice de son gouvernement, des transferts progressifs et irréversibles de compétences.

Mais, par-delà ces dispositions, la question de la composition du corps électoral est demeurée centrale et a fait l'objet de subtils compromis politiques au terme de ces accords, dont aucun gouvernement, jusqu'à présent, n'avait songé à remettre en cause unilatéralement l'équilibre, par souci de ne pas compromettre une paix civile, toujours précaire à Nouméa. Ainsi, seuls les Kanaks, le peuple autochtone de l'archipel, et les habitants depuis longtemps présents constituaient le corps électoral spécial et pouvaient prétendre participer à certains scrutins engageant l'avenir de la Nouvelle-Calédonie. Cette disposition, aujourd'hui encore en vigueur, bénéficie à ceux qui vivaient depuis au moins dix ans dans l'archipel, en 1998, et à leurs descendants, notamment pour les scrutins permettant la désignation des représentants au sein du gouvernement provincial. Ce sont ces principes et ces règles qui ont été intégrés à la Constitution, pour donner aux accords de Matignon-Oudinot et de Nouméa la portée juridique souhaitée par leurs négociateurs.

Dans un contexte politique particulièrement sensible, les trois référendums d'autodétermination, organisés en 2018, 2020 et 2021, se sont tous prononcés contre l'indépendance de l'archipel, les indépendantistes ayant cependant appelé au boycott du dernier d'entre eux. Il était enfin prévu que ces trois votes consécutifs mettent un terme aux processus engagés en 1988 avec les accords de Matignon, sans pour autant interdire aux principales parties qui en étaient solidaires de faire consensus en vue d'un nouveau scrutin d'autodétermination ou du réexamen de la nature des relations entre Paris et l'archipel.

Alors que le contexte calédonien aurait justifié que toutes les forces représentatives de l'archipel s'emploient à esquisser une démarche politique destinée à éviter le retour des affrontements, aucune initiative nouvelle n'est venue depuis 2021 relancer leur dialogue. On aurait pu alors légitimement imaginer que le ciel s'assombrissant au-dessus d'un territoire coutumier des avis de tempête politique, aucune initiative de nature à détériorer davantage le climat n'aurait été prise, dès lors que rien d'évident ne semblait pouvoir l'apaiser. Tel ne fut malheureusement pas le cas, le gouvernement ayant décidé de permettre à tous ceux qui résident sur l'archipel depuis au moins dix ans de venir élargir le corps électoral spécial de près de 25 000 nouveaux électeurs, faisant ainsi droit, sans plus de précautions, aux demandes du camp loyaliste. Le 2 avril, puis le 15 mai, le Sénat d'abord et l'Assemblée nationale ensuite ont adopté le projet gouvernemental que le président de la République a dit vouloir soumettre au Congrès dans le courant du mois de juin prochain. C'est cet enchaînement de décisions qui a contribué au climat de tension ayant présidé aux émeutes et aux violences perpétrées à l'occasion de leur déclenchement. On mesure désormais le risque qu'elles font peser sur la paix dans l'archipel calédonien, et, au-delà, sur la relation du gouvernement de la métropole avec les territoires ultramarins.

De ce triste épisode, il nous faut d'urgence tirer les leçons. La première est que la situation en Nouvelle-Calédonie est depuis trop longtemps fragile et précaire pour que la méthode ayant rendu possible la signature des accords de Matignon et de Nouméa – celle du dialogue en vue de la recherche des compromis utiles – ne soit pas perpétuée, surtout si le projet est de résoudre le sujet le plus sensible, c'est-à-dire celui de la réforme du corps électoral. Tout changement en la matière – c'est un autre enseignement fort – ne peut se concevoir sans un minimum de consensus entre les forces en présence sur l'avenir de la Nouvelle-Calédonie, son développement, la réduction des inégalités en son sein et les modalités d'une gouvernance inclusive, garantissant la paix civile et sociale à laquelle aspire l'immense majorité des Calédoniens. De ce point de vue, la visite en Nouvelle-Calédonie d'Emmanuel Macron sera d'autant plus fructueuse qu'elle permettra d'aborder toutes ces questions. Enfin, le passé nous apprend que dans les territoires dont l'histoire est faite d'incompréhensions et de blessures, le maintien de l'ordre comme moyen et les ultimatums comme méthode ne parviennent qu'à attiser la colère et la défiance, en installant l'impasse politique. Renoncer à convoquer le Congrès n'est donc pas renoncer à voir l'État affirmer son autorité. C'est au contraire la seule voie pour qu'autorité et sagesse procèdent, l'une et l'autre, d'une même aspiration à la concorde et à la paix.

Ne pas dissoudre la France dans la dissolution

13 juin 2024

En décidant de dissoudre l'Assemblée nationale sitôt le résultat des élections européennes connu, le président de la République a pris le risque de voir la France se donner au Rassemblement national. Qui a le sens des responsabilités et connaît l'histoire sait que les Français sont parfois enclins à céder à leur propre colère, surtout lorsque beaucoup a été fait pour les y plonger. La probabilité est donc grande, désormais, de voir le pays faire le pire des choix, la politique du pire l'ayant une nouvelle fois provoqué. Le chef de l'État semble considérer que le sort d'une nation, en temps de crise, peut se jouer sur tapis vert, et que le pari peut s'avérer gagnant qui consiste à redonner la parole au peuple en abattant soudainement toutes ses cartes. Mais la politique s'accommode mal des aléas des jeux de hasard avec ce qu'il transporte de chaos. En matière électorale, les coups de blues peuvent prolonger les coups de poker.

La seule question qui vaille, pour quiconque aime notre pays, est donc celle du chemin le plus sûr pour éviter la victoire du Rassemblement national les 30 juin et 7 juillet prochains, puisque les dés sont désormais jetés et que le résultat de la partie échappe au parieur qui l'a déclenchée.

L'issue favorable du scrutin supposera d'abord qu'Emmanuel Macron clarifie ses buts politiques et qu'il ouvre des perspectives permettant une sortie de la crise par le haut. Certes, les modalités de la dissolution, son annonce brutale et non concertée, donnent avant tout le sentiment d'une tentative désespérée, destinée à prendre tout le monde de court. On ne peut non plus écarter totalement l'arrière-pensée consistant à vouloir demeurer seul debout au milieu des décombres. Mais de la verticalité si souvent évoquée ne demeure aujourd'hui que l'ombre portée d'une statue sans bras, tenant à peine debout au cœur d'une nécropole. L'échec électoral cuisant subi par la majorité à l'occasion des élections européennes ne l'autorise pas à envisager son élargissement, par la menace proférée à l'égard de parlementaires qui ne seraient pas assez prompts à la rejoindre. Il serait donc hautement souhaitable, pour éviter l'avènement du Rassemblement national, que le président de la République accepte de voir les républicains ardents déterminer, le moment venu, les contours d'une grande coalition, ainsi que son programme, pour épargner à la France son déclassement sur la scène internationale. Cela supposerait une gouvernance radicalement nouvelle, la prévalence, pour chaque parti, de l'intérêt supérieur de la nation sur toute autre considération, et la capacité à ne plus décider seul de tout, à chaque instant. Si, sans se renier, chacun acceptait alors de participer à l'œuvre commune de protection du pays, du risque funeste de l'extrême droite, le pays y gagnerait en force et en dignité.

La gauche a, dans ce contexte, une double responsabilité historique : celle de contribuer par les valeurs qu'elle porte et les alliances qu'elle constitue à ne pas laisser la moindre chance à l'extrême droite d'accéder au pouvoir, mais aussi celle d'être suffisamment crédible aux yeux des Français, pour exercer la responsabilité du pouvoir. Si elle devait se priver de la possibilité d'atteindre simultanément ces deux objectifs, elle perdrait toute chance de gagner les élections législatives ou d'ériger une digue face à la vague qui monte et menace. Les forces de gouvernement doivent donc avoir le courage d'assumer une ligne résolument républicaine, qui fasse prévaloir l'unité et l'indivisibilité de la nation sur le communautarisme et le brutalisme. Face au péril de l'extrême droite, la gauche ne peut pas transiger sur le respect de l'autre dans le débat public. Elle ne doit pas non plus considérer comme secondaire la lutte contre l'antisémitisme et le racisme dans un monde où l'universalisme est mis à mal. La gauche doit par ailleurs affirmer une ligne européenne claire, une ambition de transition écologique qui ne soit pas décroissante, un souci d'efficacité économique qui ne sacrifie pas l'aspiration à plus d'égalité et de justice sociale, un devoir de rétablissement des comptes publics sans lequel il n'est pas de souveraineté. Il faut enfin une gauche qui se dresse sans ambiguïté face aux dictateurs qui bafouent les règles du droit international, une gauche qui affirme son attachement à la démocratie, à l'ordre public et aux grands principes de l'état de droit. Lorsque l'avenir d'une nation est en jeu, ce sont les principes et les valeurs qui doivent présider aux alliances, pas l'inverse. C'est de l'intérêt supérieur de la nation, et non de considérations boutiquières, d'appétit de circonscriptions ou d'ambitions pour soi-même, que doivent résulter les choix faits pour la France. Refuser l'alliance avec LFI, ce n'est pas renoncer au rassemblement de la gauche, c'est au contraire, au lendemain du très beau score réalisé par le Parti socialiste aux élections européennes, le rendre possible sur des bases qui soient saines, réellement efficaces face à l'extrême droite, et qui nous engagent collectivement, dans la fidélité à une histoire, à des idéaux, à des combats, que nous ne saurions abandonner à l'air vicié du temps présent. Certes, l'absurdité de l'époque se mesure aussi à la propension d'une partie de la gauche à ostraciser ceux qui dénoncent les dérives du parti de l'outrance, alors même qu'elles contribuent, depuis des années, à donner au RN toutes les apparences de la respectabilité en l'aidant à travestir sa vraie nature. La pression est forte, que les plus grégaires exercent sur ceux, trop peu nombreux, qui tiennent une ligne au nom de ce qu'ils croient juste et qui n'en dévient pas. Mais il faut tenir, au risque de la solitude.

Dans les moments troublés, où se joue l'essentiel qui engage la nation, la sincérité est l'arme la plus sûre pour résister aux calculs cyniques et à l'abaissement de la politique, qui ont ruiné la confiance et constituent la cause première du tumulte qui s'est emparé du pays. Aujourd'hui, ce n'est pas seulement l'Assemblée nationale que le président de la République a décidé de dissoudre. C'est bien le pays tout entier qui risque de se dissoudre du fait d'une irresponsabilité largement partagée. Chacun, qui peut contribuer à éviter que la machine infernale poursuive son chemin, doit se faire un devoir d'aider le peuple français à y parvenir avec lui.

Faire barrage

27 juin 2024

Alors que le risque de victoire du Rassemblement national grandit jour après jour, la question de la meilleure façon de le contenir fait encore débat. Sur les réseaux sociaux et les chaînes d'information en continu où les esprits s'échauffent, la lucidité cède peu à peu le pas aux emportements, et tout semble désormais disposé pour favoriser l'avènement du pire, pourtant redouté. Une récente enquête d'opinion, publiée par Odoxa, finit de nous convaincre que les digues érigées par les principales forces politiques constituées ont eu jusqu'à présent peu d'effet. La poussée de l'extrême droite semble irrépressible, et la France ressemble de plus en plus à un corps désarticulé, sans colonne vertébrale ni capacité de réaction.

Si l'on considère la droite traditionnelle, désormais réduite à la portion congrue de « feu Les Républicains », la reddition d'Éric Ciotti face au Rassemblement national accélère la fusion déjà engagée des électorats de la droite dure avec ceux de l'extrême droite. Il n'y a donc rien à espérer de ce côté-là. Le temps est désormais loin où certains des grands dirigeants de la droite, habités par leur héritage gaulliste et la nation, par-delà leur circonscription, préféraient renoncer à leur victoire pour ne pas avoir à sacrifier leur honneur.

La majorité présidentielle, dont l'unité aurait pu la protéger du désastre électoral, se disloque à mesure que la bombe à fragmentation de la dissolution agit sur elle. Comment d'ailleurs pourrait-elle tirer bénéfice d'une décision politique prise par Emmanuel Macron, sans véritables consultations, et au pire des moments pour la France et ses institutions ? En déclarant que le président de la République avait détruit sa propre majorité, Édouard Philippe a décidé de prendre acte, dans la rubrique nécrologique, de la disparition de l'autoproclamé nouveau monde. Si l'on ajoute, parmi les nombreuses interventions élyséennes depuis le soir du 9 juin, le spectre brandi de la guerre civile en cas de victoire des extrêmes, la réduction des oppositions à leurs caricatures, et l'absence d'un projet mobilisateur pour l'électorat central, on voit confirmée la propension de l'actuel pouvoir à susciter l'inquiétude, favorisant ainsi l'avènement de l'extrême droite dont il était censé protéger le pays, mais dont il aura finalement beaucoup facilité la tâche.

Quant à la gauche, elle compte en son sein, comme la majorité d'ailleurs, nombre de femmes et d'hommes dont la présence au Parlement se révélera utile le moment venu pour y affronter le Rassemblement national, s'il devait l'emporter, et participer à une large coalition, si des circonstances exceptionnelles devaient la justifier. C'est pourquoi il est important de voter d'abord pour les socialistes, les écologistes, les radicaux, les communistes et les républicains, dont le rassemblement fit jadis les succès de la gauche. Mais nul ne peut nier, en revanche, que l'alliance conclue avec l'extrême gauche inquiète davantage qu'elle ne mobilise. Pour les électeurs de gauche sincères, qui s'inscrivent dans la grande famille des républicains humanistes et de l'action réformiste, ce sont les valeurs qui doivent fonder les alliances, et non l'inverse.

La volonté de conclure à tout prix des accords pour préserver des positions – et d'abord celles des négociateurs – ne peut tout expliquer, notamment que l'on s'affranchisse aussi aisément des principes. On objectera à cela, le plus souvent de bonne foi – mais aussi parfois par tacticisme –, que nécessité fait loi, et que l'urgence à défaire l'extrême droite relève d'une obligation morale justifiant l'alliance avec l'extrême gauche. Mais si des considérations morales ont présidé au pacte adopté avec LFI et le NPA, il faut alors expliquer aux Français comment on combattra l'extrême droite – conscients que nous sommes de son antisémitisme et de sa xénophobie – en s'alliant avec des organisations dont les propos antisémites ont suscité, à maintes reprises au cours des dernières semaines, une indignation légitime. De même, la complaisance assumée à l'égard de certains régimes, ou de certaines formes de violence, ne peut que heurter notre attachement à la démocratie et aux grands principes de l'état de droit.

Certains font fi de ces considérations, en expliquant qu'un vote consiste parfois à éliminer ceux dont on ne veut absolument pas, lorsqu'on n'est plus en situation de faire élire ceux dont on voudrait vraiment. Une fois encore, le raisonnement pourrait s'entendre si des alliés encombrants, par le rejet qu'ils suscitent, ne contribuaient pas à amplifier le vote en faveur de l'extrême droite, prenant le risque d'être une passoire plutôt qu'un rempart.

Les Français, eux, ne s'y trompent pas, qui se sentent seuls face à leurs inquiétudes, lorsqu'ils ne sont pas mus par la colère. Désormais – et c'est ce que révèle l'instructive étude Odoxa –, parmi les électeurs de Renaissance, plus nombreux sont ceux qui considèrent qu'il faut faire barrage au Nouveau Front populaire plutôt qu'au Rassemblement national (71 % contre 65 %). Chez les sympathisants de LR, cette tendance est plus marquée encore. Et chez les électeurs de gauche, beaucoup sont perdus ou se sentent orphelins. Ces chiffres sont le révélateur d'un malaise et d'une dérive du pays vers la droite dure et l'extrême droite. C'est qu'en politique l'argument du devoir moral n'est recevable que pour autant qu'il fait écho aux valeurs défendues avec sincérité et sans arrière-pensées. Dans les circonstances historiques où nous nous trouvons, les calculs et les accommodements se voient à l'œil nu. Au grand jour, ils ont des effets délétères.

Pour faire barrage à l'extrême droite, les digues doivent être solides. Faire barrage doit signifier faire bloc avec les principes et les valeurs de la République. Ardemment, dans la plus grande lumière et avec une absolue sincérité. La radicalité, la seule féconde, puise à cette source-là. Celle limpide des espérances possibles.

D'abord, la France !

10 juillet 2024

Il y a une semaine, la France prenait conscience avec effroi que son destin pouvait basculer vers le pire si l'extrême droite venait à remporter les élections législatives. Dans un sursaut, dont il s'est souvent montré capable, et comme poussé dans le dos par le vent puissant de sa propre histoire, le peuple français a puisé au plus profond de lui-même la force de résister à la vague annoncée en lui opposant la digue encore robuste du front de tous les républicains. Par une mobilisation que beaucoup croyaient impossible, des millions de Français de toutes sensibilités ont dit leur volonté que la France reste fidèle à elle-même, à son universalisme singulier qui, depuis plus de deux siècles, nourrit une irrépressible aspiration à la fraternité, à l'égalité, à la liberté, à la démocratie et au respect des principes de l'état de droit. Si, par-delà le jeu prévisible des appareils politiques, il nous fallait reconnaître une victoire, c'est d'abord celle de ce front-là que nous devrions humblement célébrer, car beaucoup d'électeurs ont fait le choix de voter pour des candidats qui n'étaient pas ceux de leur préférence afin d'éviter l'élection de ceux du Rassemblement national, dont ils ne voulaient à aucun prix.

Fruit du mode de scrutin, des retraits ou des désistements, cette mobilisation électorale a atteint son but. L'extrême droite n'a pas obtenu une majorité de sièges à l'Assemblée nationale, plus des deux tiers des Français, par leurs suffrages, s'y étant opposés. Mais aucune alliance constituée, ni à gauche, ni à droite, ni au centre, ne peut prétendre aujourd'hui détenir à elle seule une majorité de sièges dans l'Hémicycle qui lui permettrait de gouverner sans le concours d'autres forces. La question qui se présente désormais à la nation est donc simple : existe-t-il encore en son sein suffisamment de partis raisonnables, capables de se respecter et de s'unir, malgré les divisions qui minent le pays, pour relever les défis communs et affronter les crises ? Et si tel est le cas, ces forces peuvent-elles gouverner en constituant une large coalition des volontés et des talents, afin d'épargner à la France les dangers de l'ingouvernabilité, c'est-à-dire la perspective de l'affaiblissement des institutions, de la paralysie de l'État, et donc, à terme, du déclassement ?

L'urgence est donc, pour les républicains responsables, guidés avant tout par la préoccupation du pays, de concevoir entre eux suffisamment de convergences pour répondre pertinemment aux préoccupations des Français, réduire les fractures qui les éloignent les uns des autres, et apaiser la société. Chacun qui est conscient des petits et grands travers de la politique française mesure la part d'efforts qu'il faudra consentir pour s'ériger au-dessus des égos, des contingences ordinaires et des mauvaises habitudes. Rendre possible ce sursaut est le seul enjeu, la tâche immense à accomplir pour refonder l'unité et l'indivisibilité de la nation, et réduire les extrémismes qui s'acharnent à la remettre en cause. Aucune force en présence ne pourra, à elle seule, réduire les fractures sociales et territoriales dont les élections législatives ont confirmé l'ampleur, ni poursuivre l'indispensable redressement de notre appareil productif. Quant au réarmement républicain de la nation, à travers les services publics de l'éducation, de la santé et de la sécurité notamment, il n'ira pas sans le rétablissement des comptes publics et le désendettement de la nation, qui permettront par ailleurs de dégager les marges de manœuvre nécessaires à la réussite de la mutation écologique.

Pour advenir, puis pour agir, la coalition des républicains responsables doit avoir un contenu avant d'être un contenant, fixer une orientation avant de proposer une incarnation.

Pour tenir compte des résultats du scrutin et répondre aux urgences du pays, un cadre initial de discussions pourrait s'articuler à cinq grandes convergences républicaines.

La première proposerait de garantir à tous, partout, l'accès aux soins. Il n'est en effet plus supportable que des millions de Français y renoncent faute de médecins traitants, que les traitements pâtissent d'interminables délais d'attente, que l'offre de proximité soit défaillante ou manquante, que l'hôpital public ne soit pas une priorité collective.

La deuxième consisterait en l'adoption d'un pacte national pour l'éducation, réaffirmant l'attachement à la laïcité, réduisant le nombre d'élèves par classe, revalorisant la condition des professeurs, et promouvant les contrats parents-école.

La réindustrialisation fondée sur la décarbonation de la production doit par ailleurs se poursuivre et s'amplifier. Cet effort d'intérêt national passera par l'investissement confirmé et conforté dans l'innovation, la production, la formation. La solidité de nos entreprises dans la compétition mondiale et le financement de la protection sociale en dépendent.

L'organisation d'une conférence nationale sur la création et le partage de la valeur redonnerait au dialogue social le souffle qui lui manque et ferait du retour de la démocratie sociale la quatrième priorité de la législature. Associant les syndicats et le patronat, elle aborderait la question du pouvoir d'achat, celle des salaires et des aides directes aux étudiants, mais aussi aux salariés, contraints d'utiliser leur véhicule pour se rendre au travail notamment.

L'Europe doit enfin affirmer sa volonté de se doter des moyens de défendre ses valeurs et ses intérêts : sur le plan militaire, par le soutien à nos industries et l'engagement réaffirmé de défendre la souveraineté et la liberté du peuple ukrainien ; sur le plan technologique et économique, par l'usage de la commande publique en faveur des producteurs européens ; sur le plan environnemental, en amplifiant la transition écologique et l'adaptation au changement climatique, et d'abord en matière de mobilités, de logement, d'énergie.

Ainsi le vote « contre » un parti d'extrême droite se changerait en vote « pour » des conditions d'existence qui changent vraiment la vie des Français.

La gravité du contexte appelle que l'esprit de responsabilité préside à tout, et que les considérations partisanes, plus dérisoires encore qu'à l'accoutumée, ne fassent pas perdre de vue l'essentiel qui, en République, a le nom d'intérêt général.

Au moment où tout se joue, pour le rôle de la France en Europe et dans le monde, pour la prospérité, pour la concorde et pour la paix, rien ne serait plus triste que de voir l'esprit et les pratiques de la IVe République s'emparer des institutions de la Ve, pour les abaisser davantage et revenir aux errements du régime des partis, aux tristes combinaisons d'antan, ou aux petits arrangements pour soi-même.

Si tel devait être le cas, nous n'aurions pas vaincu hier l'extrême droite, nous aurions seulement différé le temps de la lucidité qui précède toujours celui du courage. Le courage sans lequel rien ne s'accomplit de grand, lorsqu'on a à l'esprit, d'abord et avant tout, la préoccupation de la France.

Finances publiques : sortir de la confusion pour restaurer la confiance abîmée

16 octobre 2024

Pour restaurer la confiance abîmée, la gravité de la période nous dicte de partir des faits, c'est-à-dire de l'état réel de la nation. Pour que les solutions aux défis collectifs soient probantes, mieux vaut en effet partir des exactes prémisses. Le réel est aussi le chemin le plus sûr pour ne pas renoncer à l'espérance et à la possibilité du progrès, ni céder aux facilités des vieilles combinaisons politiques, du déni et finalement du mensonge.

Le courage commence par cette exigence de vérité et de lucidité à l'heure où les Français se trouvent contraints d'accomplir de grands efforts, dans un sursaut historique qu'ils appellent de leurs vœux, et dont ils surent si souvent se montrer capables dans les moments de crise aiguë. Il y faudra du sens, de la détermination et une aspiration à la justice, sauf à prendre le risque d'une colère plus grande encore des Français, dont l'issue politique, cette fois, ne pourra pas être évitée.

Une politique se juge selon les buts qu'elle prétend atteindre. Depuis 2017, l'idée s'est imposée, comme allant de soi, que l'allègement de la fiscalité pesant sur les plus riches des contribuables suffirait à conforter l'attractivité et le dynamisme de notre économie et que le ruissellement de ses bienfaits permettrait, par un surcroît de croissance, de réduire les inégalités et le chômage tout en garantissant la poursuite du rétablissement des comptes de la nation. C'est donc à l'aune de cette promesse originelle qu'il nous faut mesurer l'efficacité de l'action entreprise depuis plus de sept ans.

Or, la situation des finances publiques illustre l'échec à la fois budgétaire, économique et social de ces chimères. En effet, aucun État européen n'a vu, depuis 2017, sa dette augmenter autant que celle de la France, relativement à sa richesse nationale, à l'exception de la Roumanie. L'écart de taux d'intérêt entre la France et l'Allemagne, qui traduit notre crédibilité budgétaire, est au plus haut depuis l'été 2012, alors qu'il n'avait cessé de baisser entre 2012 et 2017.

Sur la même période, notre croissance a été moindre que celle de la zone euro, et l'évolution de notre taux de chômage a été moins favorable qu'en Espagne ou en Italie, tandis que notre déficit commercial – véritable juge de paix de notre compétitivité – continuait à se creuser lourdement. Au cours de la même période, la qualité des services publics n'a cessé de se dégrader, au détriment de l'attractivité de l'État employeur.

La transparence reste par ailleurs à faire sur les causes des dérives les plus récentes des finances publiques. Le gouvernement annonce en effet un déficit, pour 2024, de 6,1 % du PIB, alors que la loi de finances initiale – il y a douze mois – le prévoyait à 4,4 %. L'écart est considérable, d'un montant comparable à celui du budget des armées. Un projet de loi de finances rectificative doit donc être présenté pour donner au Parlement la vision complète et précise de la situation et l'éclairer sur les causes réelles des dérapages constatés.

Il reste que la question de la dépense publique ne se réduit pas à ces errements récents. Le débat sur les dépenses et les recettes est obscurci par un déni de réalité auquel il faut mettre fin. D'un côté, on a des forces politiques pour lesquelles toute augmentation de la dépense publique est bonne en soi, la recette étant réputée indéfiniment extensible ; de l'autre, des forces pour qui toute dépense est mauvaise en soi, et le seul impératif est de ne jamais toucher aux recettes. Pour avoir exercé des responsabilités publiques, je ne tiens pour sérieuse et réaliste aucune de ces deux propositions. Un examen approfondi de l'utilité de la dépense publique s'impose à l'évidence, et ce n'est pas un travail de quelques semaines.

Préparé pour l'essentiel par les ministres démissionnaires, le projet de loi de finances pour 2025, qui s'inscrit dans la continuité de la politique conduite depuis 2017, ne permet pas d'engager réellement le redressement attendu. Malgré des hypothèses jugées « optimistes » par le Haut Conseil des finances publiques, il prévoit un déficit de 5,2 % du PIB. Le gouvernement annonce néanmoins un déficit de 5 %, au motif que des mesures supplémentaires, et non encore documentées, interviendront ultérieurement. Selon lui, dans les hypothèses les plus favorables, le ratio de la dette rapporté au PIB continuera à augmenter, pour atteindre 114,7 % du PIB fin 2025.

Enfin, la plupart des mesures annoncées ne répondent pas aux objectifs de justice sociale, de soutenabilité et de contribution à la préparation de l'avenir. Un taux plancher de 20 % d'impôt sur le revenu est proposé, temporairement, pour les couples gagnant plus de 500 000 euros par an. Cette mesure aura au moins le grand mérite de révéler aux classes moyennes que certains contribuables, aux revenus pourtant très élevés, bénéficient d'un taux d'imposition anormalement bas.

Selon les prévisions du gouvernement, figurant dans le PLF, pas plus de 40 % d'entre eux seraient concernés par cette disposition nouvelle. Or, cette situation résulte d'un régime fiscal mis en place à partir de 2018, qui permet aux revenus financiers d'échapper au barème de l'impôt sur le revenu par le seul effet de l'instauration de la « flat tax ». Le choix délibéré de privilégier les revenus financiers sur les revenus du travail nous aura au moins permis de découvrir que la matière budgétaire et fiscale emprunte parfois à la sagesse de Bossuet, lorsqu'il nous rappelle que « Dieu se rit des hommes qui déplorent les effets dont ils chérissent les causes ».

Cette hausse d'impôt sur les plus riches ou les grandes entreprises ne saurait occulter les mesures générales et indifférenciées qui frapperont de nombreux Français. C'est en premier lieu le cas du gel du point d'indice des fonctionnaires, qui se traduira par une perte de pouvoir d'achat des agents de l'État, contribuant ainsi à la dégradation de l'attractivité des métiers du service public et de la qualité des prestations indispensables aux plus fragiles. Il en sera de même de l'augmentation de la fiscalité sur l'électricité, par ailleurs à contrepied de la nécessité de poursuivre l'électrification des usages pour lutter contre le changement climatique.

On ne saurait non plus passer sous silence les mesures relevant de la sphère sociale. Le gel des pensions ne fait pour l'heure l'objet d'aucune mesure de compensation pour les plus modestes des retraités. Il en va de même du déremboursement des consultations médicales, socialement injuste, dès lors que les mutuelles en répercuteront le coût que subiront les plus vulnérables des Français, les contraignant parfois à renoncer aux soins les plus urgents. De même, on voit mal comment la diminution programmée des moyens alloués aux hôpitaux, dans un contexte déjà très contraint pour leur personnel, ne dégraderait pas l'offre de soins, à organisation inchangée.

Le rétablissement de notre souveraineté budgétaire passe par une stratégie pluriannuelle déployant un effort jusqu'à la fin de la décennie. Or, en démocratie, n'est réellement soutenable que ce qui est juste et garantit la stabilité des mesures fiscales dans la durée. Certes, les plus aisés, les plus grandes fortunes, les entreprises les plus prospères doivent contribuer davantage et durablement à l'effort national de redressement, sans pour autant que des mesures punitives ne viennent remettre en cause les efforts accomplis pour assurer la réindustrialisation du pays, garantir son attractivité pour les investisseurs et lui permettre de tenir le choc d'une compétition internationale farouche.

Tout ce qui contribue à la préparation de l'avenir, au développement de la recherche et de l'innovation technologique, doit être préservé. De même, chaque mesure doit être appréciée au regard de sa capacité à atteindre des objectifs largement partagés en matière sociale, environnementale et économique : peut-on durablement baisser la rémunération réelle de nos agents publics et espérer améliorer la performance des services publics ?

Peut-on renchérir le coût de l'électricité par rapport à celui des énergies fossiles et parvenir à décarboner nos usages tout en tirant le meilleur parti que constitue l'énergie nucléaire pour réindustrialiser le pays ?

Peut-on continûment réduire l'effort en faveur de la recherche et prétendre développer l'innovation ?

Enfin, la trajectoire à moyen terme des finances publiques doit être clairement exposée au pays, afin de sortir de la confusion délibérément entretenue et de la dissimulation des impasses budgétaires pour cause de campagnes électorales. Ce tournant salutaire doit être mis en œuvre immédiatement avec une exigence de crédibilité vis-à-vis de nos partenaires européens, mais aussi de transparence dans la relation à l'opinion. L'indispensable réforme de la gouvernance des finances publiques devra enfin permettre, une fois les causes de leur perte de contrôle récente identifiées, de garantir qu'elles ne se reproduiront pas.

Loi immigration : agir et non instrumentaliser

30 octobre 2024

Les élections législatives de l'été dernier ont confirmé que, dans les moments de crise aiguë, les Français parviennent encore à puiser en eux les ressources et l'intelligence collective qui épargnent à notre pays les effets des choix politiques aventureux de leurs dirigeants. Au second tour, une digue solide – le front républicain – s'est érigée face à la percée de l'extrême droite. Mais à peine le danger était-il écarté que la vieille politique renouait avec ses réflexes, entre arabesques rhétoriques et manœuvres partisanes, offrant au Rassemblement national la possibilité de dicter son calendrier, ses thèmes et son tempo. Ce climat de confusion, du point de vue des soutiens de Marine Le Pen, devrait permettre de réaliser la convergence des thèmes et des buts politiques avec la droite classique, pour mieux assurer la fusion des électorats conservateur et populiste le moment venu. En faisant de l'immigration l'une des priorités de son agenda, en laissant son ministre de l'Intérieur, visiblement très prompt à donner des gages, prendre le risque d'une possible rupture avec les principes de l'état de droit, le gouvernement a pris grand soin de donner au RN l'oxygène dont une majorité d'électeurs l'avaient privé quelques semaines auparavant.

Le 21 février 2024, l'entrée de Missak Manouchian et de ses frères d'armes des FTP-MOI au Panthéon avait pourtant célébré la concorde républicaine et exprimé la reconnaissance de la place de l'immigration dans notre glorieuse histoire nationale. Cet instant si puissant n'était-il donc qu'une parenthèse, une étape parmi d'autres dans un long cheminement mémoriel, sans autre signification que la célébration elle-même ou que sa restitution télévisée ?

Désormais, le débat sur l'immigration s'enlise dans des considérations exclusivement électorales, qui éloignent les responsables politiques des solutions pertinentes pour les enfermer dans des postures paresseuses ou stériles. L'électoralisme préside à tout, qui explique les dérives les plus préoccupantes. À droite et à l'extrême droite, on pense que les déclarations martiales et le durcissement des lois suffiront à réduire les flux migratoires. On fait comme si les coups de menton à propos des visas avaient garanti l'obtention des laissez-passer consulaires sans lesquels les reconduites à la frontière sont autant de vœux pieux. On fait comme si cette diplomatie du « coup de gueule » avait été efficace et sans conséquence sur nos relations avec les pays africains et sur le rayonnement de la France à l'étranger, notamment auprès des jeunes générations. Ces gesticulations ont-elles seulement atteint leur but ? Les faits témoignent malheureusement qu'il n'en est rien.

Dans une partie de la gauche, la moins responsable, se manifestent le déni des réalités concernant les échecs des politiques d'intégration, l'absence de repères sur ce qui pourrait fonder une politique lisible d'accueil et de régulation, l'impensé de la fonction des frontières dans un monde globalisé. Faute de regarder le réel avec lucidité – ce qui ne signifie pas sans ses valeurs –, la gauche extrême laisse à penser aux Français qu'il suffirait de laisser les choses aller au fil de l'eau, ou de se satisfaire de positions généreuses, énoncées le cœur sur la main. C'est une profonde erreur d'analyse, aussi loin des problèmes que des solutions.

Pourtant, un autre chemin est possible, plus exigeant, plus respectueux de ce que nous sommes, c'est-à-dire une nation ouverte sur le monde et désireuse de maîtriser son destin et sa politique migratoire.

À partir de 2015, la crise migratoire s'est traduite par plus de deux millions d'entrées nouvelles dans l'espace Schengen, en raison notamment de la guerre en Syrie. Je suis fier d'avoir alors réuni près de six cents maires, de droite et de gauche, de métropoles comme de communes rurales, pour organiser l'accueil des réfugiés sur notre territoire. Un consensus politique inédit, allant de la gauche à la droite modérée, facilita alors l'adoption d'une loi relative à l'asile, créant des droits nouveaux pour ses bénéficiaires et accélérant l'examen de leurs demandes. « Le titre de séjour pluriannuel », qui repose sur le principe de la confiance, a par ailleurs permis à des personnes arrivées sur notre sol depuis plus d'un an d'être exonérées de contraintes administratives absurdes pendant d'interminables années. En effet, les files d'attente à l'entrée des préfectures ne dissuadent en rien les étrangers de se présenter en France. Elles engendrent seulement des irrégularités au séjour, qui condamnent au chômage, à la précarité, et plongent des êtres humains qui n'aspiraient qu'à s'intégrer dans des spirales d'exclusion et d'humiliation. Selon les chiffres du ministère de l'Intérieur pour 2022, 720 000 personnes bénéficient de ce titre de séjour.

Le contrat d'intégration républicaine a posé quelques principes simples, dont il nous faut veiller au respect. Il n'y a pas d'immigration acceptée sans intégration, et pas d'intégration sans maîtrise de la langue française et sans respect des valeurs de la République. En revanche, la remise en cause de l'aide médicale d'État, dont tous les ministres de la Santé ont vivement condamné le principe, comme celle des prestations familiales ou des aides au logement – désormais conditionnées à une durée plus longue de séjour régulier –, ne saurait aider à l'insertion des étrangers arrivés sur notre sol. En effet, plus d'intégration s'accompagne rarement de davantage de précarité. Je suis fier enfin d'avoir créé le « passeport talent », car dans la course à l'accueil des meilleurs étudiants, des scientifiques, des chercheurs et des ingénieurs dont le monde a besoin, la France ne doit pas être à la traîne. La gauche de gouvernement a œuvré pour créer des droits nouveaux pour les demandeurs d'asile et les étrangers, et cela ne l'a nullement empêchée de procéder à davantage d'éloignements forcés qu'il y en eut au cours de ces dernières années, ou de prendre des dispositions intraitables envers des étrangers condamnés pour des faits de terrorisme en suspendant leur statut de réfugié.

L'efficacité ne se niche pas dans les postures extrêmes ni dans la recherche d'un équilibre pour atteindre une médiocre moyenne. Une politique migratoire doit s'adapter à chaque situation, conformément à nos valeurs et à l'intérêt de notre pays. Elle doit se fixer pour objectif d'apporter une réponse digne à une profonde détresse humaine. Elle doit s'interdire, pour les uns d'instrumentaliser cyniquement des peurs en convoquant une fermeté de tribune, qui n'est que d'apparence, pour les autres de multiplier les pétitions de générosité, qui ne règlent aucun des problèmes concrets. Ne pas prendre la mesure de cette double impasse, c'est faire le lit des exploiteurs de la misère humaine, favoriser le travail dissimulé, et accroître le coût pour la société d'une telle précarité. C'est cette politique perdante, déséquilibrée, faite de mensonges et d'approximations qu'il nous faut désormais combattre.

Ne pas « trumper » les Français

13 novembre 2024

Donald Trump sera donc le 47e président des États-Unis. Sa victoire est sans appel. À la différence de 2016, elle n'a surpris personne, ni Trump lui-même ni les Américains. Le reste du monde s'attendait à son retour, même si, dans les sociétés civiles, nombreux sont ceux qui ont espéré pouvoir l'éviter, en redoutant ses effets sur la paix, la lutte contre le réchauffement climatique, les droits de femmes ou le respect des principes de l'état de droit. Celui qui avait surgi, il y a huit ans, comme un accident démocratique, apparaît désormais comme le révélateur d'un mal qui ronge la démocratie de l'intérieur : le divorce profond du peuple et de ses élites déconnectées. Le président élu est majoritaire parmi les grands électeurs. Il l'est aussi en suffrages exprimés, alors que le vote démocrate a perdu dix millions de voix en quatre ans. Rien de tout cela ne procède d'une exception américaine. Le réalisme nous dicte de reconnaître que le nationalisme conservateur et autoritaire a progressé par les urnes, dans de nombreux pays européens, au cours des dernières années.

Ces victoires, ces poussées de fièvre puisent aux mêmes sources des deux côtés de l'Atlantique : la colère croissante des peuples gronde depuis longtemps, notamment celle des catégories populaires et des classes moyennes, exposées aux dégâts de trente ans de désindustrialisation. Elle n'est pourtant que rarement entendue et comprise. Dans les démocraties occidentales, des millions de citoyens vivent ou redoutent le déclassement accéléré par la vie chère. Il en résulte une défiance de plus en plus grande envers l'État normatif et les élites. Ce climat délétère nourrit les solutions simplistes aux dérèglements du monde. On se prend ainsi à croire que la paix serait possible en « vingt-quatre heures chrono », au prix d'une confusion avec la capitulation face aux régimes autoritaires qui ont le vent en poupe. La désinformation, activement alimentée par les réseaux sociaux, et soutenue par les plateformes de la tech, interrogent plus agressivement les nations, comme communauté politique : la montée des communautarismes et la quête d'identité se substituent au désir de vivre-ensemble, dans l'adhésion à l'universalisme et à ses valeurs. À force de parler à des catégories de citoyens comme à autant de clientèles électorales à conquérir, on finit par perdre le contact avec le peuple considéré comme un tout !

Rien ne sert de déplorer le résultat ni de nous retrancher derrière des postures moralisatrices. C'est de lucidité face aux dangers qui la guettent que notre démocratie a besoin. Car ce qui est advenu aux États-Unis peut évidemment survenir demain, en France. À gauche comme à droite, le devoir des partis républicains – dans l'acception française de ce mot – est de comprendre l'offre populiste pour la combattre, d'affirmer la prévalence des enjeux économiques et sociaux à l'ère de l'indispensable décarbonation, de répondre aux angoisses populaires avec sincérité et raison. Or, on instrumentalise trop souvent ceux auxquels on s'adresse avec cynisme, pour conserver ou conquérir le pouvoir, quand on ne les ignore pas, en professant que leurs peurs ne seraient que fantasmes et que ceux qui les éprouvent seraient perdus pour la cause. Pour tirer des leçons utiles du phénomène trumpiste, la réflexion est préférable aux réflexes. Il ne faut pas « trumper » les Français.

Regardons en face, également, ce que la victoire du « Make America Great Again » dit de l'avenir de la relation transatlantique. Dans un contexte stratégique durablement dégradé, les États-Unis sont et doivent rester nos alliés. Ils demeurent une puissance clé à laquelle nos principes et nos intérêts sont historiquement et profondément liés, dans un monde où les valeurs que nous avons portées sont partout remises en cause. Alors que tant de régimes autoritaires et révisionnistes se réjouiraient d'une division de l'Occident, gardons-nous d'oublier l'universalisme et les libertés qu'il représente, bien au-delà des nations qui le constituent, sur le temps long de l'histoire. Nous devrons donc continuer de dialoguer avec Washington en faisant preuve de calme et de sang-froid, sans nous laisser intimider, en nous appuyant sur tous ceux qui, au Congrès, au sein de la nouvelle administration ou dans la société civile, constituent des forces modératrices. Il nous appartiendra en premier lieu d'éviter l'irréparable, et notamment les coups mortels qui pourraient être portés au multilatéralisme, en particulier en matière de paix ou de climat.

Regardons enfin ce que cette victoire dit de notre responsabilité d'Européens. Notre continent est plus que jamais confronté à la double menace de la division et de la marginalisation. Bien sûr, l'élection américaine ne crée pas cette situation, mais, faute de réaction des Vingt-Sept, elle risque d'en accentuer les effets de façon mortifère. La division serait la tentation pour chacun de faire le voyage à Washington en vue de négocier ses propres garanties de sécurité et ses arrangements commerciaux, au mépris de la solidarité européenne. N'entretenons pas nous-mêmes, Français, cette dérive par des initiatives intempestives, mal préparées, non concertées, notamment avec nos partenaires d'Europe de l'Est et du Sud, qui sembleraient les contraindre à un choix entre Bruxelles, Paris et Washington. Renforcer – c'est l'urgence – nos capacités de défense européennes et cesser de dépendre absolument de l'engagement américain ne revient pas à opposer l'Union européenne et l'OTAN, sauf à risquer d'affaiblir l'une et l'autre. Jouons collectif pour conjurer la marginalisation et éviter que, face à la Russie, à la Chine ou au Moyen-Orient, « l'art du deal » trumpien se déploie sans l'Europe, voire contre elle, au détriment de ses intérêts essentiels de sécurité et de sa prospérité. Le basculement historique de l'Amérique vers l'Indo-Pacifique et le consensus qui se forge autour du protectionnisme économique renforcent le poids de cette menace.

La seule option reste, pour l'Europe, de prendre son destin en main. La quasi-totalité des dirigeants européens a appelé ces derniers jours au « réveil » de l'Union. Dans les domaines de la défense, de l'industrie, de l'innovation, de l'énergie, les idées sont là, contenues notamment dans les rapports Letta et Draghi. Mais, le moment est venu de passer enfin des préconisations à l'action. S'agissant de la sécurité commune, nous devrons exprimer clairement qu'il ne serait pas acceptable qu'un accord intervienne avec la Russie sur l'avenir de l'Ukraine sans que nos intérêts soient pris en compte et préservés, et bâtir dans le même temps, avec nos partenaires européens, les garanties de sécurité qui protégeront l'Ukraine et notre continent face à une menace russe qui persistera bien après l'arrêt des combats.

Après la victoire de Donald Trump, la place n'est pas à la déploration ou à la résignation. Le temps est aux décisions et aux résultats. C'est peut-être la seule bonne nouvelle qui nous parvienne cette semaine d'outre-Atlantique.

Juger chaque accord commercial à partir de la réalité des faits

27 novembre 2024

Dans un pays où peu de sujets parviennent désormais à faire consensus, la dénonciation presque unanime du projet d'accord entre l'Union européenne et le Mercosur vient témoigner d'une prise de conscience salutaire des effets du libre-échange « à l'ancienne » sur la préservation de nos intérêts souverains et notre capacité à tenir nos engagements climatiques. Ainsi, armés d'un même esprit de résistance, les agriculteurs, les ONG, les syndicats, mais aussi le gouvernement et les forces politiques, de l'extrême gauche à l'extrême droite, s'apprêtent dire leur refus d'un traité dont ils perçoivent les effets potentiellement funestes pour la nation.

Dans ce contexte, il est de bon ton de se fondre purement et simplement dans la masse, en versant des « larmes de crocodile », comme cela semble être le cas de certains de nos gouvernants, qui espèrent ainsi se dédouaner à bon compte de leurs propres responsabilités dans la négociation. J'ai pris, pour ma part, le parti de dire ce que je crois juste, en dépit de l'air du temps, en évitant, sur des sujets aussi sérieux, de céder aux facilités de la caricature.

D'abord, quel est l'exact enjeu de ce traité commercial avec le Mercosur ? S'il entrait en vigueur, après plus de vingt ans de négociations, il représenterait, par son ampleur et son impact, le plus important accord de libre-échange jamais conclu par l'Europe. Il porterait sur environ quarante milliards d'euros d'échanges, au sein d'un ensemble humain de sept cent quatre-vingts millions de personnes, représentant vingt pour cent de l'économie mondiale. Bien que le débat se focalise aujourd'hui légitimement sur l'agriculture, bien d'autres secteurs de nos économies seraient concernés, y compris parfois positivement : les droits de douane seraient en effet réduits au bénéfice de l'industrie européenne – et par conséquent de la nôtre – dans les secteurs de l'automobile, du textile, de la chimie et de l'industrie pharmaceutique. L'approvisionnement de l'Europe en matières premières stratégiques serait par ailleurs mieux garanti, ce qui contribuerait au renforcement de notre souveraineté.

Pour autant, le traité de libre-échange avec le Mercosur est un mauvais accord, pour des raisons de fond qui rendent légitimes le débat qui anime actuellement la nation. En effet, quels que soient ses bénéfices pour l'Union européenne – et ils sont nombreux – les insuffisances de son volet agricole constituent bel et bien une menace pour certaines filières, un risque sanitaire pour le consommateur, et un renoncement au regard des principes que l'Europe porte en matière de climat et de biodiversité. C'est que sa négociation, engagée à la fin des années 1990, n'a pas tenu compte des grands enjeux environnementaux apparus depuis lors. Il faut limiter dans la durée la validité des mandats de négociation, car cela n'a pas de sens de travailler sur la base de principes dépassés. Tout accord passé avec certains pays d'Amérique latine n'est pas cependant mauvais par principe, et le libre-échange n'est pas un mal en soi. La souveraineté ne saurait signifier une Europe emmurée, recroquevillée sur elle-même, et ayant renoncé à toute ouverture vers l'extérieur, pour ne pas avoir réussi à relever audacieusement le pari de sa compétitivité : le repli sur soi annonce l'affaiblissement et précède le déclin. De ce point de vue, le débat qui agite aujourd'hui notre pays dit autant de nos contradictions nationales, des incohérences et des insuffisances de l'Europe, que des insuffisances du traité lui-même.

Il y a pour le moins contradiction à déplorer le retour du protectionnisme dont nous menace l'élection de Donald Trump, à dénoncer l'activisme russe au sein des BRICS, à craindre la montée en puissance de l'influence chinoise dans le « Sud global » – et la prédation qu'elle opère sur les ressources agricoles, minières ou en biodiversité de beaucoup de ces pays –, et dans le même temps à refuser que l'Europe exerce ce qui constitue aujourd'hui son principal outil d'influence, voire de puissance, dans le monde : sa capacité, forte d'un poids économique comparable à celui des États-Unis, à nouer des partenariats commerciaux qui arriment à son économie, mais aussi à ses valeurs, des partenaires auxquels elle n'aurait plus accès si elle opérait le choix du repli. En ces domaines, où le rapport de force domine, la naïveté ne pardonne pas. Il se joue aujourd'hui en Amérique latine une lutte d'influence sans merci dont nous devons souhaiter qu'elle ne soit pas perdue par l'Europe. De ce point de vue, un mauvais accord avec le Mercosur alors qu'un bon accord était possible est avant tout une occasion perdue et un immense gâchis.

On décèle au sein de l'Union européenne une certaine incohérence à ne pas intégrer de façon systématique dans la négociation de ses accords commerciaux les priorités politiques auxquelles elle confère une dimension essentielle en matière de lutte contre le changement climatique ou de défense de la biodiversité. L'Europe bataille courageusement avec les BRICS à Cali, lors de la COP sur la biodiversité, et fait de même à Bakou, lors de la 29e COP climat. Peut-elle dès lors oublier, à la table des négociations commerciales, les exigences posées au sein d'autres enceintes de discussion en matière de lutte contre la déforestation ou de réduction des émissions agricoles ? Rappelons que la production d'une tonne de viande au Brésil émet deux fois plus de CO_2 que dans la filière bovine européenne ! Il y a donc urgence à nous assurer que chaque accord négocié par l'Union européenne contribue effectivement aux objectifs généraux qu'elle défend en faveur du climat et de la biodiversité.

Enfin, nous serions légitimes à attendre de l'Europe qu'elle veille à la bonne application en toutes circonstances de législations déjà adoptées et qui protègent efficacement les consommateurs européens en imposant le respect de normes sanitaires et environnementales au sein du marché intérieur. Il est choquant que l'interdiction d'importation en Europe de produits issus d'animaux traités avec des antibiotiques de croissance (pourtant adoptée en 2019...) ne soit toujours pas effective. Il est étonnant que la réglementation européenne sur l'étiquetage ne permette pas au consommateur de connaître l'origine de la viande lorsqu'elle est transformée. Il est désolant que les contrôles aux frontières censés assurer le respect des règles sanitaires et environnementales soient la fois lacunaires et disparates d'un pays à l'autre. C'est dans chaque assiette qu'il faut systématiquement et effectivement interdire antibiotiques et hormones de croissance.

Encore bien trop imparfait, le projet d'accord entre l'Union européenne et le Mercosur est le produit des incohérences et des insuffisances de l'Europe autant que la victime expiatoire de nos propres contradictions nationales. Le laisser adopter en l'état marquerait un recul, mais rejeter par principe tout échange commercial serait une faute, y compris contre nos valeurs et nos propres intérêts. Avec l'Amérique latine, avec d'autres régions du globe plus tard, il existe évidemment un chemin qui réconcilie les échanges commerciaux avec la défense de nos valeurs, de nos appareils productifs et de nos modes de vie. Encore faudrait-il, pour qu'elle pût fédérer autour de cette idée simple, que la voix de la France fût, comme elle l'a longtemps été, audible en Europe.

Pourquoi devons-nous exiger la libération immédiate de Boualem Sansal ?

15 janvier 2025

Depuis le 24 novembre 2024, un écrivain est enfermé dans les geôles algériennes. De quoi s'est-il rendu coupable aux yeux de ses accusateurs ? D'aimer la liberté et d'avoir les yeux grands ouverts sur un régime dont il a dénoncé sans relâche, et avec courage, l'autoritarisme et la corruption des dirigeants. Par son œuvre et par son engagement, il nous oblige à poser un regard implacable et lucide sur le fondamentalisme religieux, sur la nature des dictatures qui bafouent les libertés conquises de haute lutte et sans lesquelles les droits essentiels de la personne humaine sont réduits à néant.

Lequel d'entre nous, dont l'attachement aux valeurs universelles portées par l'esprit des Lumières est demeuré intact, pourrait aujourd'hui ménager son soutien au combat de Boualem Sansal contre les formes les plus actuelles du totalitarisme, qu'il fût politique ou religieux, et contenir son indignation lorsqu'il s'agit d'exiger sa libération immédiate ? Sauf à renoncer à tout ce qui fonda notre nation de citoyens et à effacer de nos mémoires le sens profond du combat de ceux qui s'employèrent au XXe siècle à affranchir l'Algérie de sa tutelle coloniale, il n'y a pas de réserves légitimes ni audibles au devoir moral de dénoncer l'inacceptable.

Car les mouvements de libération qui jalonnèrent les siècles passés ont étanché leur soif d'espérance à une même source, qui constituait aussi une promesse, celle du respect des convictions de chacun et de la possibilité de les voir s'exprimer sans contrainte, en vertu d'une conception élevée de la civilisation humaine et de son indivisibilité.

Du refus légitime de toute domination surgissait une irrépressible aspiration à la reconnaissance de la dignité de citoyens devenus libres. Ainsi, en soutenant le combat d'un écrivain pour la liberté, c'est la détermination de tous les autres intellectuels qu'on encourage, lorsqu'ils témoignent de leur attachement aux principes de l'état de droit, et se montrent résolus à ne jamais laisser dans l'ombre leur abandon, brutal et lâche. C'est aussi de la force et de la crédibilité que l'on transmet à ces sentinelles lorsqu'elles pointent, au péril de leur vie, les dérives de pouvoirs depuis trop longtemps corrompus, indifférents au sort de leurs propres peuples.

Des accusations ineptes dont Boualem Sansal est l'objet, on déduit surtout la justesse de son engagement depuis près de trente ans en faveur d'une certaine idée de la vérité et de la justice. Les procès en trahison, orchestrés par les régimes autoritaires à l'encontre d'esprits libres, sont généralement le plus bel hommage qui puisse leur être rendu, même s'il se paie du prix de leur liberté et s'apprécie à la lumière des souffrances engendrées par le traitement inhumain qui leur est réservé. L'écrivain franco-algérien, détenu sur le fondement d'accusations fantaisistes, est âgé et malade. Ses conditions de détention ne garantissent pas qu'il pourra bénéficier de tous les soins que justifie son état de santé. Son avocat, Me François Zimeray, n'a pas pu encore lui rendre visite, alors même que le respect des droits de la défense justifierait qu'il pût être écouté et défendu.

C'est d'abord dans l'œuvre de Boualem Sansal qu'il nous faut trouver les arguments pour le défendre et la force de le soutenir dans l'épreuve qu'il traverse, et ce aussi longtemps qu'il sera nécessaire. Ses romans sont en effet une constante évocation des valeurs qui nous inspirent lorsque nous aspirons à le voir libérer, de même qu'ils constituent la somme des arguments les plus convaincants à opposer à ceux qui instruisent contre lui un procès inique destiné à faire oublier la scandaleuse injustice de son sort en cherchant à entacher sa réputation. Déjà, dans son roman *Dis-moi le paradis*, tout était dit de sa vision d'un pays qu'il aime et auquel il cherche à épargner de nouvelles épreuves. Au terme d'une description presque clinique de l'Algérie contemporaine, Tarik, personnage central de son récit, décrit un système politique et économique rongé par la corruption. Il constate, en s'en désespérant, la trahison, par un pouvoir oligarchique, des espoirs portés par une génération qui s'est battue pour l'accession de l'Algérie à l'indépendance, et dénonce l'impasse politique et démocratique que constitue la tentation islamiste.

Dans sa lettre ouverte à ses compatriotes, *Poste restante : Alger*, il accentue sa critique d'un pouvoir dont il pointe les dérives et les conséquences funestes qui en résultent pour un peuple malmené. La censure s'exerce alors à son encontre, et la violence se cristallise sur son nom. Tout cela ne témoigne-t-il pas d'une hostilité délibérément entretenue, dont son arrestation fut le point d'orgue prévisible ? On ne peut que saluer la bravoure de Boualem Sansal lorsqu'il décide de participer en 2008 au Salon du livre de Paris, dans un contexte dominé par la polémique engendrée par certains pays arabes au motif qu'Israël en était l'invitée d'honneur. Celui qui publie alors *Le Village de l'Allemand* explique, dans une défense qui rappelle l'universalisme qui l'inspire, que « la littérature n'est pas juive, arabe ou américaine, puisqu'elle raconte des histoires qui s'adressent à tout le monde ».

On ne peut faire grief à un écrivain d'investir la littérature de vertus qu'il aimerait voir la politique faire siennes, en pensant peut-être naïvement que si par la coalition des cœurs ouverts et des esprits lucides cela venait à se produire, l'humanité s'épargnerait bien des tragédies : celles engendrées par les guerres et la violence des États lorsque la préoccupation du bien commun et de la paix est foulée au pied par des dictatures cyniques. Les mêmes qui le soupçonnent des pires trahisons mettront sans doute sur le compte du complot, dont il serait l'auteur, son engagement en octobre 2012, avec le soutien de l'écrivain israélien David Grossman et celui du Conseil de l'Europe, en faveur de « l'appel de Strasbourg pour la paix ». Dans les mois qui suivront son lancement, cet appel sera signé par plusieurs centaines d'écrivains du monde entier, témoignant de leur attachement aux droits humains fondamentaux, à la démocratie, et à la paix.

On peut aimer ou ne pas aimer Boualem Sansal. On peut ne pas adhérer à tous ses choix et se montrer critiques à l'égard de certains d'entre eux. Il en est souvent ainsi de la confrontation des idées. Mais on ne peut réduire au silence un écrivain au motif que ce qu'il écrit gêne ou déplaît. Ne pas être capable de se battre pour la liberté de ceux qui pensent et écrivent, c'est renoncer à l'idée même du débat intellectuel, à la liberté, à la démocratie. Ne pas exiger la libération d'un écrivain emprisonné, ne pas demander qu'il soit reconnu dans ses droits, c'est admettre qu'il peut exister une justice sans humanité, c'est-à-dire une justice dont les décisions seront rendues contre l'humanité elle-même.

Face à Trump et à la vague brune, le choix de la lucidité et le courage de la vérité

29 janvier 2025

La cérémonie d'investiture de Donald Trump a confirmé aux démocraties du monde entier qu'elles ne pouvaient désormais compter que sur elles-mêmes pour défendre leur modèle mis à mal par des pouvoirs issus du suffrage universel, mais en rupture avec les fondements mêmes de l'état de droit, qui sont aussi ceux de tout régime démocratique. L'histoire du XXe siècle nous a pourtant enseigné que sans un socle commun de valeurs chérissant les libertés, que seul le droit nous garantit, toutes étaient à terme menacées, le grand basculement de la civilisation vers la barbarie devenant alors possible. Au cours de la dernière décennie, en Hongrie, au Brésil, en Pologne, en Argentine, certains régimes, une fois installés, ont prospéré sur ce divorce assumé entre la légitimité démocratique, dont ils pouvaient sans conteste se prévaloir, et une pratique des institutions qui laissait peu de place au respect du droit, à la préservation de la séparation des pouvoirs et à l'ordre international, régi depuis 1945 par le multilatéralisme, ses objectifs, ses équilibres et ses règles.

On a pensé le plus souvent, naïvement, que ces poussées de fièvre résultaient des effets de la mondialisation que ses bienfaits inéluctables – et mesurables pour une part – permettraient, à terme, de contenir. On n'avait qu'imparfaitement mesuré que, derrière ce mouvement, s'affermissait une idéologie devenue virale par l'effet de la numérisation du débat public et dont les puissants moyens pouvaient soulever une vague susceptible de changer en profondeur, et sans préavis, l'ordre et les valeurs du monde. Ce qui a basculé, ces dernières semaines, c'est que les États-Unis, qui jouèrent un rôle déterminant dans la libération de l'Europe du joug nazi et comme leader du « monde libre », prennent désormais la tête de cette croisade nouvelle dont ils aspirent à orienter le cours selon leurs seuls intérêts, lorsqu'il ne s'agit pas d'étendre encore l'empire de ceux dont la puissance économique et industrielle incite à se rêver en maîtres de l'univers.

Dans ce combat politique qui a commencé, et dont chacun qui a la préoccupation de l'avenir de l'humanité ne peut que percevoir la dimension potentiellement tragique, on substitue aux faits des vérités alternatives, on néglige le peuple dont on prétend être le dépositaire de la volonté, pour ne s'adresser qu'à une foule chauffée à blanc par la manipulation, le mensonge et l'outrance. Comment ne pas s'inquiéter et s'indigner d'entendre Elon Musk, au congrès de l'AFD, déculpabiliser l'Allemagne des heures les plus sombres de son histoire à quelques jours du quatre-vingtième anniversaire de la libération du camp d'Auschwitz-Birkenau, comme si le peuple allemand lui-même n'avait pas suffisamment souffert du totalitarisme et bâti, depuis la fin de la guerre, une démocratie solide dans une Europe solidaire à partir du devoir de mémoire ? De quel droit et en vertu de quels principes diplomatiques un milliardaire américain, désormais adoubé par le président des États-Unis, peut-il demander l'éviction du Premier ministre britannique, en mettant au service de sa cause son réseau social et ceux qui y déversent leur haine recuite ? Qui peut penser que la paix ait une chance de retour en Israël et à Gaza, que les terroristes du Hamas puissent être durablement réduits par l'avènement d'une stratégie préconisant le déplacement massif de populations durement éprouvées par la guerre, avec pour seule intention de « faire le ménage » ? Qui conçoit que la vie sur la planète puisse être préservée des effets du réchauffement climatique dans une course folle à l'exploitation des énergies fossiles partout où les sols en regorgent, au prix parfois de menaces réitérées d'annexion de territoires ayant une histoire, une souveraineté, des aspirations ?

Déjà, on perçoit au cœur même de l'Europe – dans les propos de responsables de la Commission ou les déclarations de certains chefs d'État – des tentations d'allégeance à ce mélange de mercantilisme et de populisme. Si les États-Unis s'apprêtent à imposer leur volonté en allant jusqu'à faire un usage extraterritorial de leur droit, plus agressif encore que par le passé, pour asseoir leurs intérêts de puissance, s'ils confirment leur détermination à fermer leur marché à certains produits européens, dans une hostilité affichée à l'égard de notre industrie, faut-il donner des gages et ne rien changer à la politique commerciale de l'Europe ? Doit-on renoncer à accélérer la construction d'une Europe de la défense au sein de l'OTAN, dans une relation repensée aux États-Unis, pour garantir par nous-mêmes la sécurité de notre continent, en nous appuyant sur l'armement européen chaque fois qu'il est la solution militaire, technologique ou opérationnelle ?

Les pays européens, au premier rang desquels la France, peuvent-ils différer encore le moment de leur redressement industriel, budgétaire et financier afin d'être en mesure de garantir la préservation de leurs intérêts souverains ? Peut-on repousser à demain les investissements indispensables en matière d'indépendance énergétique ou d'intelligence artificielle, au motif que des pays continuent à bloquer, au sein de l'Union, toute capacité d'endettement européen, alors qu'elle est la condition pour faire face aux urgences du moment ?

Ce qui domine en Europe, c'est l'excès de normes et l'insuffisante détermination à porter les politiques publiques et les grands projets auxquels les Européens aspirent pour renouer à la fois avec la confiance et la fierté. Il en est ainsi de tous les sujets, y compris des plus sensibles, notamment de la politique migratoire, qui doit à la fois assurer le contrôle efficace des frontières extérieures de l'Union et garantir les besoins en main d'œuvre d'une industrie déjà durement éprouvée par l'asthénie démographique du continent. La vague brune n'apporte à aucun de ces défis la réponse adéquate. Elle submerge juste les peuples de l'illusion que tout peut être réglé sans délai, par des oukases et des outrances, dont on mesurera sans tarder qu'ils constituent des impasses pour les nations et pour leurs peuples et qu'ils sont une aubaine pour faire prospérer les intérêts puissants de ceux qui les manipulent.

On ne résistera pas au cynisme de l'époque par la seule convocation de la morale, mais par la défense de nos intérêts dans le respect scrupuleux des valeurs qui fondent la démocratie et les principes de l'état de droit. Certes, les valeurs ne sauraient suffire, sauf à ce qu'elles soient mises au service d'un projet pour les générations futures, qui puisse garantir un possible progrès pour l'humanité tout entière et soulever à son tour une vague au sein des peuples, moins brune, moins sombre, et plus conforme à ce qu'est l'espérance lorsqu'elle se conjugue avec la lucidité et le courage de rechercher la vérité et de la dire.

Table

Composition et mise en pages
Nord Compo à Villeneuve-d'Ascq

CET OUVRAGE
A ÉTÉ ACHEVÉ D'IMPRIMER
SUR ROTO-PAGE
PAR L'IMPRIMERIE FLOCH À MAYENNE
EN MARS 2025

N° d'impression : 106719
Imprimé en France